図解でざっくり会計シリーズ ⑨

新日本有限責任監査法人［編］

決算書のしくみ

中央経済社

発刊にあたって

　本書は，平成25年３月に刊行した「図解でざっくり会計」シリーズの第９弾となります。本シリーズは刊行以来大変ご好評をいただいておりますが，また新たにシリーズを増やすことができました。

　シリーズ当初より，図，表，絵，仕訳例等をふんだんに使用してビジュアルに重点を置き，視覚から入ることにより誰もが気軽に読めることをコンセプトに執筆しています。基準等に記載されている定義・専門用語等も可能な限り平易な解説を心掛けています。また，原則として１テーマにつき見開き２ページとなっている点もシリーズ当初より一貫しており変更はありません。決算書をより身近に感じていただけるように，「図解でざっくり会計」シリーズのキャラクター「ざっくりくん」も引き続き登場します。

　決算書というとどうしても専門的でとっつきにくいイメージがありますが，知っておいて欲しいポイントだけを「ざっくり」とご理解いただくのに最適な書籍であると自負しております。決算書とは何のために作成し，何を意味しているのか，どこに着目すれば良いのかといった内容を，ざっくりと理解したいという多くの方に手に取っていただき，決算書を身近に感じていただけましたら，執筆者一同何よりの喜びです。

　最後に，本シリーズ刊行時よりご協力，アドバイスをいただいております株式会社中央経済社の末永芳奈氏にこの場をお借りして御礼を申し上げます。

　平成28年９月

新日本有限責任監査法人　執筆者一同

本書の読み方

①原則，1テーマ1見開きとなっています。まず，見開きのテーマを把握しましょう。

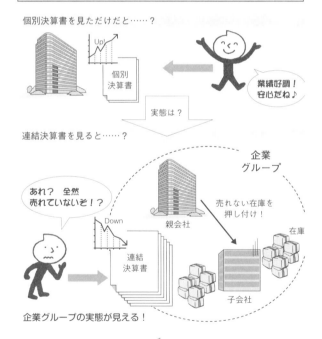

1-5 企業グループの決算書
企業グループの決算=連結決算

> グループ経営を行っている会社は，その経営実態をより適切に表すため，グループの成績表である「連結決算書」を作成します。これは，企業グループ全体を1つの会社と仮定して作成される決算書です。

個別決算書を見ただけだと……？

業績好調！
安心だね♪

実態は？

連結決算書を見ると……？

あれ？ 全然売れていないぞ！？

売れない在庫を押し付け！

親会社

子会社

在庫

企業グループ

企業グループの実態が見える！

②次に，左ページの図解で，全体像をつかみましょう。

> ③なるべく専門用語を使用せず説明をしています。図解と合わせ，理解がしやすいつくりとなっています。

第1章　決算書のきほん　23

■個別決算書の限界■

　1社のみで事業活動を営んでいる会社がある一方で，**親子会社**による**グループ経営**を行っている会社もあります。たとえば，ある製品を親会社で製造し，子会社が販売するといったケースが考えられます。親会社の個別決算書を見たところ，その製品の販売は好調で業績がとても良く見えたとしても，その実態は，売れない在庫を子会社に高値で買い取らせて利益を計上しているだけだとしたら，本当の意味で業績好調と言えるでしょうか？

　このように，企業グループ全体の経営成績を適切に把握し，時に子会社を悪用した不適切な経営実態を明らかにするためなどの要請から，企業グループ全体の決算書として「**連結決算書**」が存在します。

■連結決算書の特徴■

　連結決算書は，複数の会社で構成され（略）社だったら？　という前提のもとで作成（略）プ内での商品売買や資金融通等はすべ（略）が作成されます。したがって，連結決算（略）個別決算書と同じです。

> ④重要な用語は Keyword として強調し，+αの知識は One more として紹介します。

　会社法上は，大会社（資本金が5億円以上もしくは負債が200億円以上の会社）であり，かつ有価証券報告書（1-7参照）を提出している会社のみ，作成が義務付けられています。

> **Keyword**
> **親会社・子会社**
> 　ある会社を支配している会社のことを親会社，支配されている会社のことを子会社といいます。支配の基本は，議決権（通常，持株数に比例）の過半数超を保有していることです。株式会社では，役員の選解任や事業の取得・売却など，重要な決議は株主総会で実施されるため，そこでの決定権の強さは支配につながると考えられます。

> 電車の中でも，お風呂の中でも，または寝そべりながら，肩の力をぬいて読んで，会計を身近に感じてね！

Contents

発刊にあたって ……………………………………………………… 3
本書の読み方 ………………………………………………………… 4

第1章　決算書のきほん …………………………………… 13

1-1　決算書ってなあに？ ………………………………… 14
　　　決算書は会社の成績表！

1-2　決算書のなかみ① …………………………………… 16
　　　三大柱〜貸借対照表，損益計算書，
　　　株主資本等変動計算書〜

1-3　決算書のなかみ② …………………………………… 18
　　　決算書に添えられた補足メモ〜注記〜

1-4　決算書のなかみ③ …………………………………… 20
　　　会社による自社分析〜事業報告〜

1-5　企業グループの決算書 ……………………………… 22
　　　企業グループの決算＝連結決算

1-6　決算書作成のルール ………………………………… 24
　　　決算書はルールどおりの作成で誤解を防げ！

1-7　上場会社の決算書 …………………………………… 26
　　　有価証券報告書という肉厚決算書！

COFFEE BREAK ……………………………………………… 28
大航海時代の王様の不安／決算書のはじまり

第2章　貸借対照表の見方 ……………………… 29

- 2-1　左右・上下のひみつ ……………………… 30
  並び方にはわけがある
- 2-2　資産の顔ぶれを知ろう① ………………… 32
  流動資産の代表例　「売掛金」と「たな卸資産」
- 2-3　資産の顔ぶれを知ろう② ………………… 34
  使って商売に寄与する「固定資産」
- 2-4　怪しい資産に気をつけよう① …………… 36
  滞留していたら黄信号
- 2-5　怪しい資産に気をつけよう② …………… 38
  過剰設備や陳腐化に要注意
- 2-6　面積でわかる危ない会社① ……………… 40
  流動資産vs流動負債　うちの会社は大丈夫？
- 2-7　面積でわかる危ない会社② ……………… 42
  固定資産vs固定負債，純資産　うちの会社は大丈夫？
- 2-8　面積でわかる危ない会社③ ……………… 44
  ピンチ！　負債が資産より大きい債務超過
- まとめ　貸借対照表のイメージ ……………………… 46

第3章　損益計算書の見方 ……………………… 47

- 3-1　損益計算書は明瞭であれ！ ……………… 48
  有用な情報を提供するために，なされる分類とは？
- 3-2　収益は3種類，費用は5種類 …………… 50
  本業に係る売上原価と販管費のボーダーラインは？

3-3 段階利益って何？ ………………………… 52
　　　損益計算書は階段のイメージでつかめ

3-4 売上高変動の要因をつかめ！ ………………… 54
　　　原因は単価か数量か，両方か？

3-5 粗利は絶対値より，率に注目！ ……………… 56
　　　粗利率にはアラーム機能がある!?

3-6 売上が減っても販管費は減らない！？ …… 58
　　　販管費はいったん増えると削減が難しい…

3-7 損益分岐点分析で安全性をチェック ……… 60
　　　売上高がどれだけ減るとヤバイか？

3-8 3ヶ月間の損益計算書がある ………………… 62
　　　四半期報告書で年度の損益を占おう

まとめ　損益計算書のイメージ …………………………… 64

第4章　キャッシュ・フロー計算書の見方 ………… 65

4-1 キャッシュ・フロー計算書とは① ………… 66
　　　お金の動きは，キャッシュ・フロー計算書でないと
　　　把握できない

4-2 キャッシュ・フロー計算書とは② ………… 68
　　　区分は，営業活動・投資活動・財務活動の3通り

4-3 営業活動によるキャッシュ・フロー① …… 70
　　　会社の本業で儲けているか？

4-4 営業活動によるキャッシュ・フロー② …… 72
　　　調整項目の意味をとらえよう

4-5 投資活動によるキャッシュ・フロー ……… 74
　　　投資活動によるキャッシュ・フローでわかること

4－6 財務活動によるキャッシュ・フロー ………… 76
　　　財務活動によるキャッシュ・フローからわかること

4－7 キャッシュ・フローで理解する会社の状況①
　　　……………………………………………………… 78
　　　商売がうまくいっている会社のキャッシュ・フロー

4－8 キャッシュ・フローで理解する会社の状況②
　　　……………………………………………………… 80
　　　商売がうまくいっていない会社のキャッシュ・フロー

COFFEE BREAK ……………………………………… 82
儲かっているのに，倒産？

第5章　決算書をざっくり見渡そう …………………… 83

5－1 有価証券報告書は企業情報の宝庫 ………… 84
　　　「大局的視点」が重要！

5－2 会社のビジネスを知る ……………………… 86
　　　ビジネス情報は「事業の内容」を読んで知る！

5－3 企業の業績トレンドを読み解く …………… 88
　　　大きな変化はないか？

5－4 業績の概要を読む …………………………… 90
　　　会社自らの業績の分析を知ろう

5－5 会社のリスクを知る ………………………… 92
　　　会社を取り巻くリスクは多岐にわたる

5－6 会社の課題を把握する ……………………… 94
　　　会社自身による分析がポイント

5－7 現在と将来の設備の状況を把握する ……… 96
　　　投資計画で将来の事業が予測できる

5−8　重要な契約やR&D活動を把握する ………… 98
　　　将来の事業への影響度を知る

COFFEE BREAK …………………………………… 100
会社を知る方法はさまざま

第6章　大きな事件は起こっていないか？ ……… 101

6−1　大きなM&Aが行われていないか ………… 102
　　　投資内容や会社の事業における位置付けが読み取れる！

6−2　為替変動の大きな影響がないか ………… 104
　　　業績の伸びの大半が為替の場合も？

6−3　不振な事業はないか ……………………… 106
　　　減損損失の注記をチェック

6−4　会社の存続に問題はないか ……………… 108
　　　継続企業の前提に関する注記をチェック

6−5　監査報告書のアラームを見逃すな ……… 110
　　　適正意見が出ているか？

6−6　内部統制報告書のアラームも見逃すな … 112
　　　１％の会社で「開示すべき重要な不備」がある

6−7　後発事象 …………………………………… 114
　　　決算日以降に決算に影響する事件が起きている！

COFFEE BREAK …………………………………… 116
不適正意見の事例

第7章　「小さな事件」も見逃すな！ ………… 117

- 7-1　セグメント情報 ……………………… 118
  売上の内訳がわかる！
- 7-2　関連当事者との取引 ………………… 120
  注意が必要な取引
- 7-3　金融商品関係注記 …………………… 122
  金融商品の取扱説明書
- 7-4　有価証券注記 ………………………… 124
  有価証券投資の通信簿！
- 7-5　デリバティブ注記 …………………… 126
  ヘッジ会計が適用されているものの時価もわかる！
- 7-6　退職給付注記 ………………………… 128
  退職給付に係る負債の解説書
- 7-7　税効果会計注記 ……………………… 130
  将来の課税所得の予測がうかがえる
- 7-8　事件が起こっていなくても… ……… 132
  実態が変わらなくても見た目の数値が変わる場合がある
- 7-9　月末が休日で残高が激変？ ………… 134
  期末日満期手形

COFFEE BREAK ………………………………… 136
関連当事者注記とIPO（株式公開）

第8章　会社の簡易健康診断をしよう ………… 137

- 8-1　2期比較で異常値をチェック ……… 138
  変化には必ず理由がある

8-2	回転率で効率性を測る ……………………… **140**
	資産・負債を効率的に活用したか？

8-3	利益率で収益性を測る① ……………………… **142**
	売上高に対し利益は十分か？

8-4	利益率で収益性を測る② ……………………… **144**
	資本をうまく使って利益を上げたか？

8-5	生産性分析①「付加価値」…………………… **146**
	「ヒト」「モノ」「カネ」をうまく活用できたか？

8-6	生産性分析②「労働生産性」………………… **148**
	従業員1人当たりの生産性を知ろう

8-7	連単倍率 ……………………………………… **150**
	グループの中での親と子の頑張り具合を比べてみよう

8-8	1株当たりの分析 …………………………… **152**
	1株当たり情報を活用しよう

8-9	株価と比較した分析 ………………………… **154**
	その会社は割高？　割安？

COFFEE BREAK ……………………………………… **156**
低すぎるPBRは買収のターゲットに？！

第1章 決算書のきほん

「○○銀行　本日，決算発表」，「△△商事決算，営業利益前年比2倍！」……テレビや新聞，Webサイトなど，ニュースを湧かせる決算発表。「決算書を読むと詳しくわかるようだけど，そもそも決算書ってなに？」と思っていませんか？

そんなあなたに朗報です。まずは決算書のきほんを"ざっくり"理解！　いまさら聞けない決算書の い・ろ・は をみていきましょう！

1-1 決算書ってなあに？

決算書は会社の成績表！

 決算書は会社の成績表です。第一の目的は，株主から預かった資金の活用状況の報告ですが，利害関係者の意思決定のための情報提供，配当の計算，税務申告，社内管理など，幅広く活用されます。

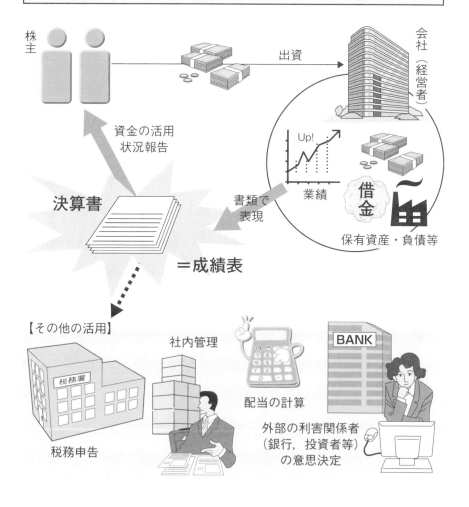

■決算書の第一の目的は株主への報告■

「所有と経営の分離」という言葉を聞いたことはありますか？ 株式会社は制度上，経営に必要な資金の出資者（株主）と会社の経営者が別であり，その状態を指す言葉です。株主は会社経営を行いませんので，出資したお金が有効活用されているのか心配です。そこで経営者は定期的に「**決算書**」を作成し，株主から預かった資金を元手に，どのように事業活動を営んでいるのかを報告する義務があります。

決算書とは，わかりやすくいうと会社の**成績表**です。具体的には，現金預金・土地建物といった資産や，借金・未払金といった負債をどれくらい保有しているのか，もしくは事業活動を通じてどれくらいの利益を上げているのかなどを，会社の**決算期**（通常1年）ごとに表現しています。

■決算書の目的は1つではない！■

会社には株主以外にも，債権者，取引先，従業員，投資者といったさまざまな**利害関係者**が存在します。彼らは，決算書を閲覧した上で会社の健全性や将来性等を判断し，意思決定（たとえば，返済能力があるかを判断し融資を実行する，株価が上がる見込みがあるかを判断し株式を購入する等）を行います。

そのほか，決算書は次のようなシーンで活用されます。

- 配当の計算（配当できる額には法的限度があるため，それを決算書から計算！）
- 税務申告（税金計算の基礎となる所得は決算書から計算！）
- 社内管理（会社として改善すべき点を決算書から判断！） など

> **Keyword**
>
> **決算期**
> 　会社が定めた会計期間のことをいいます。学校における学年のように，会社もおよそ1年ごとに「会計期間」と呼ばれる区切りを設けており，成績表たる決算書はその期間ごとに作成されます。

1-2 決算書のなかみ①
三大柱～貸借対照表, 損益計算書, 株主資本等変動計算書～

決算書の三大柱は「貸借対照表」「損益計算書」「株主資本等変動計算書」です。それぞれ, 会社の財政状態, 経営成績, 株主資本等の変動事由を示します。決算書の中核書類であることから,「本表」と呼ばれることがあります。

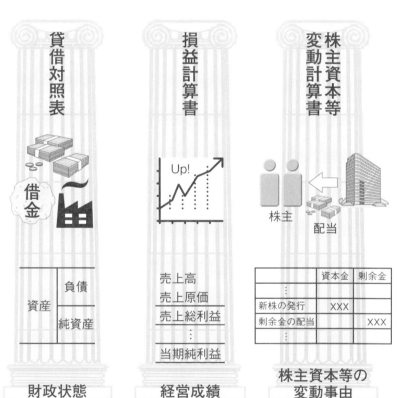

■**貸借対照表（通称：B/S）**■

　貸借対照表とは，会社の決算日時点における**財政状態**を示す書類です。**資産**，**負債**および**純資産**の状況がわかります。

　潤沢な資産がある会社は安全に見えますし，逆に資産よりも負債が多い会社は健全な経営が危ぶまれます。また，資産が多いようでも売れ残り商品在庫や不必要な設備投資が多い会社は安全でしょうか？　貸借対照表の見方は単純ではありません。詳細は第２章で確認しましょう！

■**損益計算書（通称：P/L）**■

　損益計算書とは，会社の会計期間ごとの**経営成績**（事業活動の成果）を示す書類です。簡単にいうと，どのくらい儲かっているのかがわかります。

　利益が多ければ優良企業だ！　と思うかもしれませんが，損益計算書のポイントは"どんな活動で利益を上げたのか"という点です。本業（売上）で稼いだのか，副業（受取利息や受取配当金等）で稼いだのか，一時的な稼ぎ（固定資産売却益等）なのかで，将来の展望も違ってきます。損益計算書の見方は第３章で確認しましょう！

■**株主資本等変動計算書（通称：S/S）**■

　株主資本等変動計算書は，会計期間内の**株主資本**（会社財産における株主の持分）等の変動事由を報告する書類です。新株発行による資本金増加額や，株主に対して配当した金額などがわかります。

　これらは決算書の中核となる書類であることから，併せて「本表」と呼ばれることがあります。上記の三大柱のほか，上場会社ではキャッシュ・フロー計算書の作成も義務付けられています（１－７参照）。キャッシュ・フロー計算書の見方は第４章で確認しましょう！

1-3 決算書のなかみ②
決算書に添えられた補足メモ〜注記〜

注記とは，貸借対照表や損益計算書等の本表を読む上で重要な前提条件や，それらには表現されていない補足事項をまとめた一覧です。注記を読まずして決算書を読んだことにはならないほど重要な記載が数多くあります。

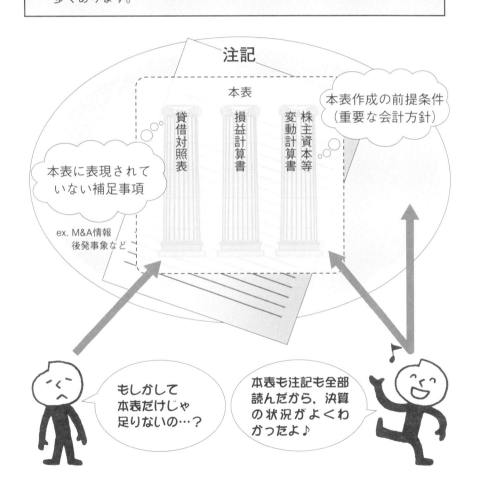

■注記とは？■

　注記とは，貸借対照表や損益計算書等の本表を読むうえで重要な前提条件や，それらには表現されていない補足事項をまとめた一覧です。多くの場合，本表の後に続いて記載され，注記事項・注記表とも呼ばれます。

■本表の重要な前提条件（重要な会計方針）■

　会社は**会計基準**（1－6参照）と呼ばれるルールに従って会計処理を行いますが，複数の方法からいずれかを選択することができる場合があります。この場合，会社がどの方針を採用しているかがわからなければ，結果として開示された数値の意味を的確に判断することはできません。このため，注記には，会社が選択した「**重要な会計方針**」が記載されます。

■本表に表現されていない補足事項■

　会計期間の末日（決算日）が3月末日である会社において，翌4月に多額の借金をして新事業を開始した場合，この事実は決算数値には反映されません。しかし決算書を利用する利害関係者としては，この事実を知っておくべきだと思いませんか？　このように決算日後に発生した重要な会計事象を「**重要な後発事象**」（6－7参照）と呼び，注記に記載されます。

　これは注記のほんの一例であり，他にはM&Aの情報・不振事業の情報・税効果会計の適用状況・関連当事者との取引状況など，決算書を読むうえで必要不可欠な情報がたくさん盛り込まれています（第6章・第7章参照）。注記は，決算書を利用するすべての利害関係者の適時適切な判断に資することを目的として記載されていますので，注記を読まないまま決算書を紐解こうとすると，大きな判断ミスを犯すことになりかねません。補足事項だからといっておまけの記載だと思わずに，目を通すくせをつけましょう。

1-4 決算書のなかみ③
会社による自社分析〜事業報告〜

決算書には,「事業報告」のパートがあり,会社の各種数値データだけでなく,業績等の概要や対処すべき課題などが記載されます。こうした部分に注目すると,会社なりの自己分析が見えてきます。

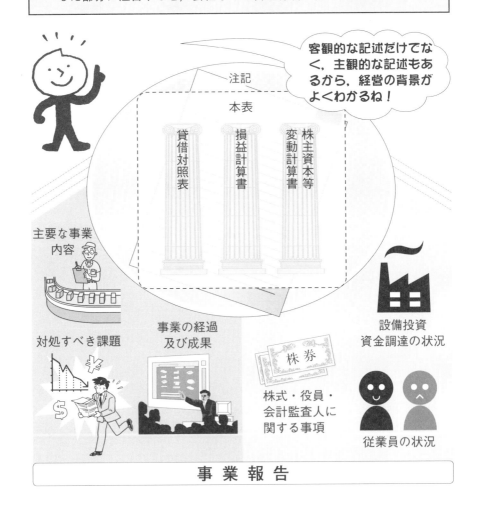

■事業報告とは？■

　本表と注記の読み方がわかったとしても，そもそもその会社が何の事業を営み，どのぐらいの規模で，どのような課題を抱えているのかといった背景を知らないままでは本質的な理解は得られません。

　そこで，決算書には多くの場合，会社の自社分析が記載されます。名称は一律ではありませんが，会社法上はこれを「**事業報告**」と呼び，内容は，主要な事業内容，事業の経過及び成果，対処すべき課題といった会社の主観的記述と，重要な設備投資・資金調達の状況，従業員の状況，株式・役員・会計監査人に関する事項といった客観的記述から成ります。

■事業報告の内容■

　事業報告のなかで有用なのは"主観的記述"です。主観的記述は会社目線の分析・記述です。会社が重要視または問題視している点を理解することで，経営の方向性がわかるかもしれません。また，その決算期におけるトピックスを解説していることも多いため，決算数値を読み解くための重要な指針にもなるでしょう。

> 【例】A事業においては，平成X8年X月に○○エリアに複合商業施設を開業し，新規顧客獲得に向けたキャンペーンを実施するなど，収益性の向上に取り組んで参りました。また，○○展の開催については来場者数が過去最高の○人に上るなど，大きな成果をあげることができました。一方，B事業においては，システム障害の発生により開発計画に約○ヶ月の遅延が発生したため，セキュリティ強化に課題が残る状況です。

　中には，経営について特定の経営者の手腕に依存していることをリスクとして掲げている会社も存在します。仮にその経営者が退任を発表した場合，リスクを認識している利害関係者とそうでない者では，次の対応が変わるのではないでしょうか。

1-5 企業グループの決算書

企業グループの決算=連結決算

 グループ経営を行っている会社は，その経営実態をより適切に表すため，グループの成績表である「連結決算書」を作成します。これは，企業グループ全体を1つの会社と仮定して作成される決算書です。

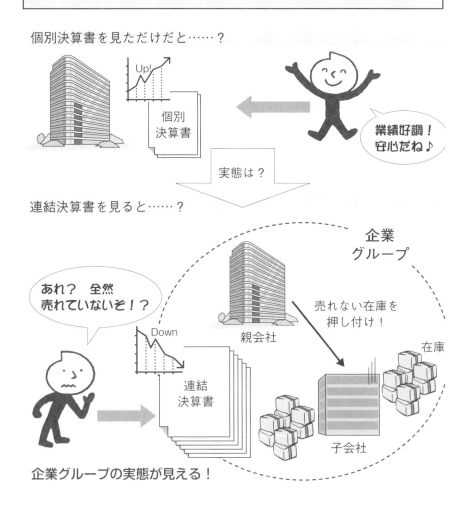

■個別決算書の限界■

　1社のみで事業活動を営んでいる会社がある一方で，**親子会社**による**グループ経営**を行っている会社もあります。たとえば，ある製品を親会社で製造し，子会社が販売するといったケースが考えられます。親会社の個別決算書を見たところ，その製品の販売は好調で業績がとても良く見えたとしても，その実態は，売れない在庫を子会社に高値で買い取らせて利益を計上しているだけだとしたら，本当の意味で業績好調と言えるでしょうか？

　このように，企業グループ全体の経営成績を適切に把握し，時に子会社を悪用した不適切な経営実態を明らかにするためなどの要請から，企業グループ全体の決算書として「**連結決算書**」が存在します。

■連結決算書の特徴■

　連結決算書は，複数の会社で構成される企業グループが仮に1つの会社だったら？という前提のもとで作成されています。つまり，グループ内での商品売買や資金融通等はすべてなかったものとして連結決算書が作成されます。したがって，連結決算書であっても基本的な読み方は個別決算書と同じです。

　会社法上は，大会社（資本金が5億円以上もしくは負債が200億円以上の会社）であり，かつ有価証券報告書（1－7参照）を提出している会社のみ，作成が義務付けられています。

> **Keyword**
>
> **親会社・子会社**
> 　ある会社を支配している会社のことを親会社，支配されている会社のことを子会社といいます。支配の基本は，議決権（通常，持株数に比例）の過半数超を保有していることです。株式会社では，役員の選解任や事業の取得・売却など，重要な決議は株主総会で実施されるため，そこでの決定権の強さは支配につながると考えられます。

1-6 決算書作成のルール
決算書はルールどおりの作成で誤解を防げ！

 決算書は，均質で客観的であることが必要です。そのため，「会計基準」というルールに従って作成することが求められます。

とある会社の決算書を作ってみよう。

会計基準等のルール

誰が作っても  同じ決算書！！

■一般に公正妥当と認められる会計基準■

　たとえば，仕入価格100円，売価200円の商品があったとします。ある人はこの商品の価値を100円だと考えるかもしれませんが，別の人は200円だと考えるかもしれません。仮に決算書で示す商品の価格を各人の考えで自由に決定してよいとすると，同じ事実がばらばらの価値基準で表現されてしまい，不合理です。

　そこで，会計処理は「**一般に公正妥当と認められる会計基準**」というルールに従うことが求められています。上記の例でいうと，日本のルールでは商品の価値を売価である200円とする処理は認められていません。日本では取得原価主義といって仕入価格である100円を基礎(注)とします。

　同じルールに従えば均質で客観的な決算書が作成されるため，複数の会社の決算書を比較することも容易になります。

(注) たな卸資産の貸借対照表計上額は，仕入価格である100円を基礎としつつ，商品の価値が下落した場合，相応の評価減をすることとなっている。

■何を書くかも決まっている■

　決算書の記載事項や順番にもルールがあります。たとえば会社法の決算書（大会社）の場合，事業報告から始まり，貸借対照表や損益計算書等の本表，注記，監査報告書と続きます。金額単位の統一や端数等の処理方法といった細かい内容まで規定されている場合もあります。記載内容が決まっているということは誰が作っても同じ決算書ができるということですので，知りたい情報を探すことも容易になりますね。

▶ One more

会計基準の法的拘束力

　会計基準は法律ではないため，厳密にいえば必ずしも従う必要はありません。しかし，それでは身勝手な決算書が作成されかねないため，一般に利害関係者が多いと考えられる大会社や上場会社等の決算書については，外部の独立した第三者である公認会計士または監査法人による監査証明が義務付けられています。

1-7 上場会社の決算書
有価証券報告書という肉厚決算書!

上場会社には「有価証券報告書」という特有の決算書があります。投資者保護を目的とした金融商品取引法により作成を義務付けられており、キャッシュ・フロー計算書を初め、会社法決算書よりも多くの情報を含んでいます。

会社法決算書と有価証券報告書の主な違い

	会社法決算書	有価証券報告書
作成根拠法令	会社法	金融商品取引法
作成基準	会社計算規則	財務諸表等規則
作成対象	すべての会社	上場会社等
作成目的	株主・債権者保護	投資者保護
本表の種類	貸借対照表 損益計算書 株主資本等変動計算書	貸借対照表 損益計算書 株主資本等変動計算書 キャッシュ・フロー計算書
本表・注記の呼び方	計算書類	財務諸表
公開の範囲	大会社:貸借対照表, 　　　　　損益計算書 それ以外:貸借対照表	全文
決算数値の開示範囲	単年度	二期比較形式
記載項目	限定的	広範
記載内容に対する要求事項	少ない	多い

有価証券報告書は分厚くて読みどころ満載♪

■会社法と金融商品取引法■

　会社は，会社法を根拠として決算書を作成する義務がありますが，上場会社等はこれに加え，金融商品取引法のもと**有価証券報告書**という別の決算書の作成が義務付けられています。

　会社法は，主として「株主と債権者の保護」を目的としているのに対し，金融商品取引法は，主として「投資者の保護」を目的としています。目的が異なるため，決算書に記載すべき項目も変わるというわけです。

　なお，決算書が適正であることを証明するために，会社法上の大会社と金融商品取引法対象会社（上場会社等）では公認会計士または監査法人による会計監査が義務づけられています。

■会社法決算書と有価証券報告書の違い■

　一般的に，会社法の示す「株主と債権者」に比べ，金融商品取引法の示す「投資者」のほうが圧倒的多数かつ多岐に及ぶため，彼らのニーズに応えるためにも，会社法決算書に比べ，有価証券報告書にはより多くの情報が記載されます。決算書全体が原則として前期と当期の二期比較形式となり（会社法の決算書は単年度），事業報告部分も広範かつ深度ある記載が求められます。そのため，100頁を超える超大作となることも珍しくありません。また，先の三大柱に「**キャッシュ・フロー計算書**」（第4章参照）を加え，四大柱を本表とするのも特徴的です。

　なお，本表と注記を併せて，会社法では「**計算書類**」，金融商品取引法上では「**財務諸表**」と呼びますが，本質的な意味は同じです。

> **One more**

上場会社等が作成するその他の決算書
　上場会社等には，四半期（3ヶ月）ごとに作成される「四半期報告書」や，有価証券報告書や四半期報告書が作成される前に決算速報値を開示する「決算短信」という特有の決算書も存在します。

大航海時代の王様の不安
決算書のはじまり

　決算書の起源は，中世ヨーロッパの大航海時代にあります。当時の出来事としてはコロンブスのアメリカ大陸発見，マゼランの世界一周などが有名ですが，大航海時代は，その名のとおり船による大交易が行われた時代です。ヨーロッパにはない香辛料や金銀，絹等は，たくさん手に入れることができれば一攫千金も夢ではありませんでした。それらを手にするため，勇猛果敢な男たちは船を漕ぎ出し，命をも惜しまず航海に出かけようとしました。

　しかし，航海にはお金が必要です。航海に出かけるための船，航海中の食糧，そして目的地で物々交換するための積み荷など，必要なものは船員たちだけでそろえられるレベルではありません。そこで，航海での稼ぎを分配することを条件に，王侯貴族や大商人に出資を募り，そこから得た資金や物品で航海に出ることにしました。

　一方，彼らからすると，何者とも知れない船乗りたちに多額の出資をするわけですから，仮に儲けの分配があったとしても，それが不当に少なくはないのか不安に思います。そのため，出資したお金が何にどう使われ，何を手に入れてどのくらい儲かったのか，報告を求めるようになりました。そこで作成された報告書が決算書の原型と言われています。

　時代を超えた現代においても，出資者たちは同じ不安を抱えているのではないでしょうか？

　会社のみなさん！　報告は正確に！

第 2 章 貸借対照表の見方

　この章では，決算書の三大柱の1つである貸借対照表の見方について説明します。貸借対照表は会社の持つ財産の状況を示す非常に重要なものですので，しっかりマスターしましょう！

2-1 左右・上下のひみつ
並び方にはわけがある

貸借対照表の右側はお金をどうやって集めたか（調達方法）が，左側は集めたお金をどうやって使っているのか（運用状況）が載っています。また，貸借対照表は上から下へと換金しやすいものから並びます。

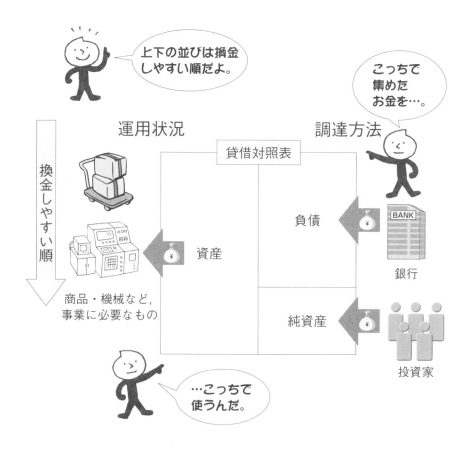

■**左右のひみつ**■

　貸借対照表は会社の財政状態を示す決算書です。"お金をどう集めたか（調達方法）"と"集めたお金をどのように使ったか（運用状況）"に大きく分けることができ，貸借対照表の左側に運用状況を示す**資産**，右側に調達方法を示す**負債**と**純資産**が並びます。

　資産とは会社の財産です。たとえば販売するために保有する商品や，その商品を作るための機械，これから運用する，または，運用の結果回収された現金預金などがあります。

　負債とは会社の債務です。負債である借入金は，調達先が会社外部であり，将来返済する必要があるものです。一方，純資産は株主（会社内部）からの出資であり，返済する必要のない調達方法です。

■**上下のひみつ**■

　貸借対照表の上下の並び方にもルールがあり，一般的に上から下へと換金しやすい順に並べてあります。このルールを**流動性配列法**と呼びます。

　流動性配列法に従い，資産は上から流動資産・固定資産と並びます。また，負債は上から流動負債・固定負債と並びます。

　流動資産の各科目も換金が容易な順で並びます。上から現金預金→有価証券（MMFや国債）→売掛金（期日に回収予定）→商品（販売されて売掛金となり，期日に回収）といった順です。

▌**One more**

流動性配列法と固定性配列法
　流動性配列法とは貸借対照表の並びを上から下へ換金しやすい順に並べる方法です。反対の順番の並べ方は固定性配列法と呼び，電力会社など固定資産の比重が大きい会社に用いられます。

2-2 資産の顔ぶれを知ろう①
流動資産の代表例 「売掛金」と「たな卸資産」

売掛金とは"ツケ"のことで，将来回収する売上代金のことです。たな卸資産とは会社が売るために持っている資産のことです。現金化までの期間が短い売掛金やたな卸資産は，流動資産です。

資産	流動資産 ・現金及び預金 ・売掛金 ・たな卸資産
	固定資産

売掛金

商品の販売

期日に回収

この，将来回収するお金が売掛金だよ。

たな卸資産

青果店の大根や家電量販店の冷蔵庫のように，会社が売るために持っている資産がたな卸資産だよ。

■売掛金とは？■

　ドラマなどで，「マスター，ツケといて」というシーンを目にしますよね。これはお金をその場では支払わずに，次回来た時など後で支払うシステムです。このツケの会社版が**売掛金**です。

　会社が取引を行う場合，取引の度に現金のやり取りを行うことは基本的にありません。一般的には，1か月分といったように一定期間の売上をまとめて，期日までに支払うよう請求します。この，売ったけれどまだ未回収部分，つまりツケになっているものが売掛金です。

■たな卸資産とは？■

　たな卸資産とは，会社が**売るために**持っている資産のことです。青果店の大根や家電量販店の冷蔵庫がこれにあたります。皆さんがお店で手に取るものは，大体がたな卸資産です。

　ここで「売るために」という表現を使いましたが，これは同じ資産でも，保有する目的によって，たな卸資産になったりならなかったりすることを意味します。たとえば，同じマンションでも「販売用マンション」はたな卸資産ですが，「賃貸用マンション」は固定資産になります。

2-3 資産の顔ぶれを知ろう②
使って商売に寄与する「固定資産」

 固定資産とは商売をするために長期間使うものです。固定資産には，有形固定資産，無形固定資産，投資その他の資産があります。

資産
流動資産
固定資産 ・有形固定資産 ・無形固定資産 ・投資その他の資産

有形固定資産

土地・建物

工具器具備品

機械装置

車両運搬具

投資その他の資産

投資有価証券

保険積立金

無形固定資産

ソフトウェア

特許権

■固定資産と減価償却■

固定資産とは，商売をするために長期間使うものです。何年も何年も使って，商売に寄与してくれる資産です。このため，買った時に一度に費用としません。たとえば，本社ビルを買った場合で考えてみましょう。

全額を取得時の費用にすると，その年の利益が非常に悪くなる一方で，翌年以降は費用が生じないため利益は良くなり，費用と収益が対応せず不合理ですね。そこで，少しずつ費用処理をしていきます。

たとえば本社ビルが4億円，耐用年数が40年の場合であれば，取得時に4億円の費用にせず，40年にわたって，1,000万円ずつ費用とします。これを**減価償却**といいます。

■簿価（帳簿価額）と時価が一致しない？■

上記の本社ビルの場合，毎年1,000万円ずつ減価償却をし，10年後には3億円の簿価となっています。ただしこれは会計上の金額であって，時価を算定した場合，一致しないことが多くあります。

土地は非償却資産（減価償却をしない資産）で，購入した価格が簿価となります。時価は変動するので，歴史の古い会社であるほど，簿価が時価に比べて低い（含み益がある状況）場合があります。一方，バブル時代に購入した土地の場合，簿価が時価に比べて高い（含み損がある状況）場合があります(注)。

(注) 含み損がある状況で，かつ，使用されていない，または使用している営業活動が赤字等の場合は，簿価が切り下げられる。

> **One more**
>
> **時価と簿価**
> 時価とは，その資産を売ったときにつく値段のことです。
> 一方，簿価とは，帳簿価額の略で，取得したときに支払った額をベースとします。

2-4 怪しい資産に気をつけよう①
滞留していたら黄信号

滞留とは，売掛金やたな卸資産を現金化できず，長期にわたり残っている状態をいいます。貸借対照表をチェックするときに，滞留売掛金はないか？ 滞留在庫はないか？ と疑うことは非常に重要です。

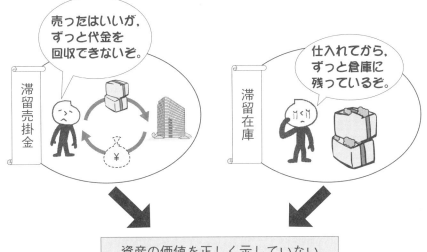

資産の価値を正しく示していない
帳簿価額＞実際の価値

評価損の計上が
必要

■滞留売掛金とは？■

2-2で，売掛金は要するにツケだと説明しました。ドラマなどでは，「お財布がピンチだから」と言ってなかなかツケを払ってくれないお客さんが出てきますよね。会社でも同じこと。「ちょっと資金繰りが苦しい」からなどと言って，なかなか取引先が売掛金を払ってくれないことがあるのです。このように長期にわたり回収できない売掛金を**滞留売掛金**といいます。

滞留売掛金の回収が怪しい場合は，貸倒引当金の計上が必要になります。これは未回収額を見積もり，当期の費用として処理するとともに同額を引当金とすることです。相手先が倒産したりするなどで，回収の見込みがほぼないことが確定した場合は，売掛金を直接減らし，損失として処理します。

■滞留在庫とは？■

滞留在庫とは，商品を仕入れてから，長期にわたり売れ残っているたな卸資産をいいます。商品に魅力がなかったり，ブームが去ってしまったりといったことが原因です。

滞留在庫は，売上に貢献しないのに資金を固定化し，また倉庫代などの管理費用がかかる，会社にとってはやっかいな資産です。

滞留在庫は，販売見込みによって，評価損の計上が必要になります。

> **One more**
>
> **引当金と貸倒引当金**
> 引当金とは，会社が将来の損失に備えて予め計上しておく金額のことです。貸倒引当金とは，引当金の一種で，債権が回収できなくなるという将来の損失に備えて計上しておく金額のことです。

2-5 怪しい資産に気をつけよう②
過剰設備や陳腐化に要注意

過剰投資や陳腐化した固定資産は，帳簿価額が実際の価値を正しく示していない可能性があります。こうした場合，「減損損失の検討」が必要となります。

■過剰設備や陳腐化の場合■

　固定資産は，商売をするために長期間使うものですが，何らかの事情で使用価値が簿価を下回る場合が出てきます。

　1つは，**過剰設備**です。投資時点と事情が変わり，商品の需要が減り設備がフル回転しなくなると，設備を使って回収できる資金の見込みが，簿価を下回ることがあります。

　もう1つの例として，**陳腐化**があります。陳腐化とは時代遅れとなってしまうことです。陳腐化した固定資産は使われなくなります。

　現在の会計基準では，固定資産の価値は使うことにあると考えられていますので，過剰設備や陳腐化によって収益性が低下した固定資産は，**減損**が必要となります。減損とは固定資産の帳簿価額を，その固定資産でこれから回収できる（固定資産がこれから生み出す価値）金額まで引き下げることをいいます。

■未監査の決算書での注意事項■

　決算書は公認会計士等による会計監査を受けている場合と，受けていない場合があります（6－7参照）。会計監査を受けていない決算書では会計のルールが適用されず，資産性がないものが貸借対照表上で資産として計上されている場合があるので，注意が必要です。

> **One more**

減価償却を止めている場合に注意！
　「利益を大きく」と「税金は少なく」というのが経営者の願いです。会計監査を受けていない会社が大きな赤字を抱える場合，減価償却を止めることがあります。こうすると利益が大きく見える一方，元々大きな赤字なので，税金もゼロということが達成されてしまうのです。未監査の会社で固定資産をある程度持つ会社の場合は，注意が必要です！

2-6 面積でわかる危ない会社①
流動資産vs流動負債　うちの会社は大丈夫？

「短期で回収できるお金」と，「短期で支払わなければならないお金」を比べることで，会社が短期的に安全か危ないかがわかります。会社の短期の安全性をはかる指標に流動比率と当座比率があります。

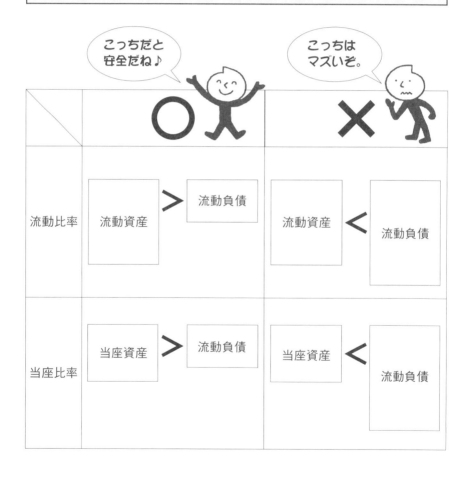

■流動比率とは？■

　流動資産の面積の方が**流動負債**よりも小さい会社はどういう状況でしょうか？　流動資産・流動負債の性格を状況に当てはめると，

> 短期で回収できる資産＜短期で払わないといけない負債

のような状況でお財布がピンチな状態です。このような会社を**流動比率**が低いといいます。流動比率を式で表すと，下記のようになります。

$$流動比率 = \frac{流動資産}{流動負債} \times 100（\%）$$

　流動資産の面積が流動負債の面積の2倍以上だと，一般的に会社は安全といえます。

■当座比率とは？■

　当座資産（現金及び預金のほか，受取手形，売掛金等のようにすぐに現金化できる資産）の面積の方が流動負債よりも小さい会社はどういう状況でしょうか？　両者の性格を状況に当てはめると，

> すぐ回収できる資産＜短期で払わないといけない負債

のような状況でこれもまたお財布がピンチな状態です。このような会社を**当座比率**が低い会社といいます。当座比率を式で表すと，下記のとおりになります。

$$当座比率 = \frac{当座資産}{流動負債} \times 100（\%）$$

　当座資産の面積が流動負債の面積より大きいと，一般的に会社は安全といえます。

2-7 面積でわかる危ない会社②
固定資産vs固定負債, 純資産 うちの会社は大丈夫？

> 会社が長期的に安全かどうかを見る指標に、①固定比率と②固定長期適合比率、③自己資本比率があります。固定資産はいったん投資するとすぐに換金できないため、「返済が不要な自己資本」や「すぐには返さなくてよい固定負債」で賄えていることが重要となります。

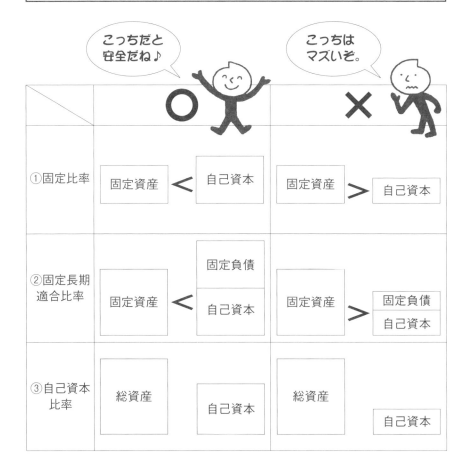

■①固定比率とは？■

　固定資産の面積が自己資本の面積より小さい会社はどのような状態でしょうか？　投資額を長期にわたり少しずつ回収する固定資産を，返済が不要な自己資本で賄えている状態で，長期的に安全な状態であるといえます。このような会社は**固定比率**が低い会社といいます。

$$固定比率 = \frac{固定資産}{自己資本} \times 100 \, (\%)$$

■②固定長期適合比率とは？■

　固定資産の面積が自己資本の面積と固定負債の面積の合計より小さい会社はどのような状態でしょうか？　投資額を長期にわたり少しずつ回収する固定資産を，返済不要な自己資本とすぐには返さなくてよい固定負債で賄っているため，長期的にそこそこ安全な状態であるといえます。このような会社は**固定長期適合比率**が低い会社といいます。

$$固定長期適合比率 = \frac{固定資産}{固定負債 + 自己資本} \times 100 \, (\%)$$

■③自己資本比率とは？■

　自己資本比率とは総資産に占める自己資本の割合です。

　自己資本比率が高いということは，返済の必要のない自己資本で総資産の多くを賄っていることを示し，会社がつぶれにくい状態であることを意味します。

$$自己資本比率 = \frac{自己資本}{総資産} \times 100 \, (\%)$$

2-8 面積でわかる危ない会社③
ピンチ！　負債が資産より大きい債務超過

債務超過とは負債の面積が資産の面積よりも大きい状態で，会社がピンチな状況です。債務超過の会社は資産が額面で売れたとしても負債を全て返すことはできません。

■債務超過とは？■

　債務超過とは債務（＝負債）が資産の金額を超過している状況です。純資産＝資産－負債の関係が成り立つため，債務超過の会社は純資産の金額がマイナスとなっている会社ともいえます。

　会社が債務超過になる原因は，営業赤字の継続や巨額な赤字の発生（過剰投資を原因とする減損損失の計上等）などです。

　債務超過の状況では，資産を全て額面で販売することができたとしても，負債の全額を返済することはできません。つまり，会社の債権者からみると，債権を回収できない可能性がある危ない会社であるということになります。このため，取引先が取引を断ってきたり，銀行の審査が厳しくなり融資がされない等，会社経営がさらに悪化する可能性があります。

■債務超過から脱出するためには？■

　どうすれば債務超過の状態から脱出することができるでしょうか？　債務超過は，純資産がマイナスの状態であるので，純資産を増やしてプラスにすれば債務超過から脱出できます。純資産を増やすには，①投資家に出資をしてもらって資本金を増やす，②利益をあげて利益の留保金額を増やす等の方法があります。

まとめ：貸借対照表のイメージ

貸借対照表
(平成X年3月31日現在)
(単位：百万円)

科目	金額	科目	金額
(資産の部)		(負債の部)	
流動資産	11,026	流動負債	5,205
現金及び預金	5,479	買掛金	1,499
売掛金	2,256	未払金	1,287
たな卸資産	2,567	未払費用	762
前払費用	350	未払法人税等	780
その他	456	未払消費税等	826
貸倒引当金	△82	その他	51
固定資産	11,972	固定負債	9,000
有形固定資産	6,532	長期借入金	9,000
建物	3,381	負債合計	14,205
工具器具備品	1,865		
その他	1,286	(純資産の部)	
無形固定資産	472	株主資本	8,793
ソフトウェア	375	資本金	3,500
特許権	97	資本剰余金	2,000
投資その他の資産	4,968	資本準備金	2,000
投資有価証券	1,861	利益剰余金	3,293
敷金及び保証金	1,363	その他利益剰余金	3,293
保険積立金	878	繰越利益剰余金	3,293
その他	866	純資産合計	8,793
資産合計	22,998	負債・純資産合計	22,998

2−2で解説した流動資産です。2−4で説明した通り，滞留に注意！

2−3で解説した固定資産です。2−5で説明した通り，過剰設備・陳腐化に注意！

2−6で登場した流動負債です。当座資産・流動資産と比べてみましょう。

2−7で登場した固定負債です。固定資産と比べてみましょう。

2−8で説明した通り，純資産がマイナスになることを債務超過といいます。

これが貸借対照表のイメージだよ。2−1で解説したように，左側に運用状況を示す資産，右側に調達先を示す負債と純資産が並ぶよ。一般的に，上から下へと換金しやすい順に並べてあるんだ。

第 3 章 損益計算書の見方

損益計算書は，会社の業績を表します。それぞれの項目や利益が何を示すのか，また分析の際のポイントを解説します。コツをつかんで，会社の実体をがっちりつかみましょう。

材料は入手した！
あとはじゃんじゃん
分析していくぞ〜

3-1 損益計算書は明瞭であれ！
有用な情報を提供するために、なされる分類とは？

決算書の利用者にとって有用な損益計算書とは、会社の利益が何からもたらされたかが明瞭であることです。そこで、利益を構成する要素である「収益」を「本業か否か」「経常か非経常か」という視点で分類します。

企業で発生するさまざまな収益

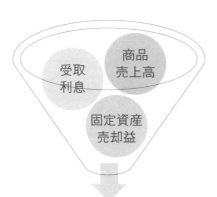

本業との関連性や、経常・非経常で分類されるんだって！

■本業に係る収益
　商品代・サービスに係る収益等　　→　売上高　　　X,XXX

■本業以外の経常的な収益
　受取利益・受取配当金等　　　　　→　営業外収益　　XX

■本業以外の臨時的な収益
　固定資産売却益　　　　　　　　　→　特別利益　　　XX

損益計算書（抜粋）

■損益計算書では，利益の各種要素が分類されている■

　経営者は，株主から資金を預り，商売の元手として運用し，その結果を株主に報告する義務があります（1－1）。報告内容としては，いくら儲かったのか（当期純利益）だけでは，不十分です。本業で儲けたのか，財テクがうまくいっただけなのか，臨時的な収入を得たのか等がわからないと，経営者の手腕や方針がわからず，今後も経営を任せてよいのか判断がつきません。決算書は，債権者や取引先が与信目的に，また社内の管理目的にも使われますが，この場合も，内容が整理されていることが必要です。

　そこで損益計算書では，利益を構成する各種要素を「**本業に関連するのか否か**」「**経常的に発生するのか否か**」といった視点で分類します。

■収益は，3パターンに分類される■

　会社がある経済活動を行ったことにより，資産が増加（または負債が減少）した場合，その要因を**収益**といいます。商品を売る，サービスを提供する，預金をする，土地を売る等，経済活動の内容はさまざまですが，その結果，資産が増えて（または負債が減って）いれば収益となります。

　このうち本業に関連がある収益が**売上高**です。上記でいえば「商品を売る」「サービスを提供する」が該当します。

　本業に関連がない，または，関連の乏しいものは，さらに2つに分けられます。預金利息のように経常的に発生するものは**営業外収益**，一方，たとえば本社ビルを売り臨時的に発生する固定資産売却益のようなものは**特別利益**といいます。

　損益計算書では，これら3つの収益をそれぞれ別の箇所に記載します。それで，決算書の利用者は，各収益の中身と金額を把握することができるのです。

3-2 収益は3種類,費用は5種類
本業に係る売上原価と販管費のボーダーラインは？

 利益が本業に由来するのか,そうでないのかを把握するためには,収益だけでなく,費用も同様の視点で分類します。ただし,その結果,費用は3種類ではなく,5種類に分類されます。

■収益と費用の分類と対応

性質	収益	費用
本業に関連する	売上高	商品や製品,サービスを生み出すための費用 ➡売上原価
		販売や管理のための費用 ➡販売費及び一般管理費
本業との関連性が低く,経常的に発生	営業外収益	営業外費用 　支払利息,為替差損　等
本業との関連性が低く,臨時的に発生	特別利益	特別損失 　減損損失,固定資産売却損　等
その他		法人税,住民税及び事業税 法人税等調整額

収益が3つなのに費用が5つあるのは,本業に関連する費用が,売上原価と販売費及び一般管理費に分かれるのと,法人税関連の費用があるからなんだね！

■費用とは？■

　会社が活動を行ううえで，資産が減少（または負債が増加）することがありますが，この原因を**費用**といいます。費用は，売上原価，販売費及び一般管理費（以下，「販管費」という），営業外費用，特別損失，法人税等の5つに分けられます。

■本業に関連する費用は2つある！■

　売上原価と**販管費**も，本業に関連しますが，関連する程度が異なります。ざっくりいうと「**商品や製品，サービスを生み出すための費用**」が売上原価，「**販売や管理のための費用**」が販管費です。

　つまり，商品代や製造原価のほか，サービス部門の人件費・経費（例：美容師やシェフの人件費）は売上原価となり，販売手数料や広告宣伝費，販売部門・管理部門の人件費・経費は販売費及び一般管理費となります。

　このように売上との関連度合で費用を2つに分けることで，粗利と営業利益という2つの利益を把握できます（3-3）。

■税金も費用の1つ■

　損益計算書を見てみると，税引前利益の後に「法人税，住民税及び事業税」「法人税等調整額」という科目があります。会社の資産を減らす（預金が減る）という意味で各種税金も費用の1つです。

　「法人税等調整額」は税効果会計という会計を用いる場合に出てくる科目です。税効果会計については，これだけで本1冊書けるぐらい奥深いものなので，初心者の方は，「法人税，住民税及び事業税」と「法人税等調整額」を合わせたものが，実質的な法人税等であるとだけとらえておきましょう。

3-3 段階利益って何?
損益計算書は階段のイメージでつかめ

利益＝収益－費用です。3つの収益，5つの費用から生じる利益は5つあります。各利益の性質は，各収益及び費用の性質を引き継いでいます。

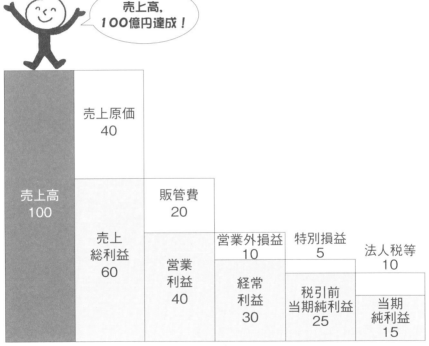

いろいろな費用が差引かれ，最終利益は小さくなってしまった…

■5つの利益の意味を知ろう■

会社の利益は5つあります。その性質は，どのような収益からどのような費用を控除したかに関連します。

利益の種類	性　　質
売上総利益	売上から売上原価を引いたもの。粗利ともいう。
営業利益	売上から，売上原価に加え，販管費を引いたもの。売上原価も販管費も本業で必須の経費であり，本業で稼ぎだした利益といえる。
経常利益	営業利益に営業外収益を足し，営業外費用を引いた利益。会社の経常的な利益獲得能力を示す。
税引前当期純利益	税金を差引く前の会社の利益。
当期純利益	全ての収益から全ての費用を控除したもの。

損益計算書では，以上の5つの利益が示されます。決算書の利用者は，利用シーンに応じた利益を用いることができるのです。

■利用シーンにより，見るべき利益は変わる■

利用シーンにより，見るべき利益は異なってきます。

商品としての魅力を測るには売上総利益が適切でしょう。本業の力が知りたい場合は営業利益，支払利息等の負担も加味した経常的な利益獲得能力を知りたい場合は経常利益を，配当が気になる株主は，当期純利益を見ます。

段階利益は，また，複数の指標を同時に見ていくと効果的です。たとえば当期純利益が赤字でも，経常利益が黒字であれば，「赤字は臨時的損失によるもので，通常期であれば黒字が期待できる」といった予想も立てられますね。

3-4 売上高変動の要因をつかめ!
原因は単価か数量か,両方か?

期間比較は損益計算書分析の基本です。なかでもまず見るのは売上高でしょう。前期と比べ増えたか減ったかが気になるところですが,増減額に目を奪われるのではなく,変動要因をつかむことが重要です。

売上高＝売価×数量

売上高の変動要因は,売価または販売数量の変動にある

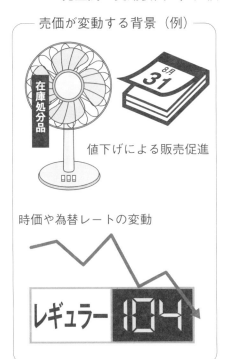

売価が変動する背景（例）
- 値下げによる販売促進
- 時価や為替レートの変動

販売数量が変動する背景（例）
- 天候の影響 猛暑によるビールの売上増
- 店舗数の変動
- 目標! 1000店舗!

■売価が変動する場合■

　売価は，消費者にとって購入の決め手の1つです。そこで，販売不振，季節外れ，賞味期限間近といった在庫を会社が抱える場合，値下げによる販売促進ということが行われます。

　一方，原料高騰による値上げということもあります。農産物等が天候不順や品不足等で値上がりすると，加工品市場でも値上げがおこります。また原油や金等は，マーケット価格が大きく変動します。ガソリン代が原油価格に敏感に反応するのは身近に感じられますね。

■販売数量が変動する場合■

　販売数量は，得意先の業績や新規得意先の開拓により変動します。またビールやエアコン，灯油といった商品は，気温により販売数量が変動します。

　拠点数もまた，販売数量に影響を与える要素です。店舗の出退店やM&Aに伴う拠点の増減は，売上高に直接，影響を与えます。

　成長期に店舗数を伸ばしているような場合は，売上が倍々で増えていくこともあります。売上が急速に増加している場合は，こうした拠点数の増加によるのか，事業報告（1－4）もチェックしてみるとよいでしょう。

■事業報告の記載例■

主要な営業所及び店舗（平成XX年3月31日）
・・・・・
店舗

事業区分	店舗数	エリア別店舗数	
小売事業	630	関東エリア	400
		東海・北陸エリア	50
		関西エリア	170
		九州エリア	10

小売業の場合，売上は，店舗数により大きな影響を受けるんだ。

3-5 粗利は絶対値より,率に注目!
粗利率にはアラーム機能がある!?

粗利はすべての利益の源泉であり重要です。しかし決算書の利用者にとっては,粗利率のほうが,数段使える場合があります。

■1個60円のドーナツを仕入れ,200円で販売する場合

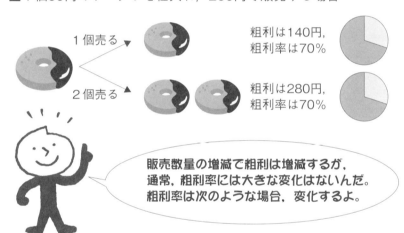

①競争激化で値下げをする　②仕入値が上がる　③販売不振で廃棄が生じる

■粗利率のアラーム機能とは？■

粗利率とは，粗利の売上高に対する割合です。粗利＝売上高－売上原価なので，以下のように表すことができます

$$粗利率 = \frac{売上高 - 売上原価}{売上高} = \frac{売価 \times 数量 - 原価 \times 数量}{売価 \times 数量} = 1 - \frac{原価}{売価}$$

粗利率の変動要素は，「売価」と「原価」だけです。これは，会社の商売に事件が起こっていないかを探るために役立ちます。つまり粗利率が下がっていれば，「売価が下落」「原価が上昇」といった，会社にとって何か望ましくない状況が起こっているというアラームなのです。

■粗利率が低下する要因とは■

「売価の減少」を引き起こすものとしては，競争激化や売れ残り商品の処分といったことがあります。「原価の上昇」は，仕入値や，製造部門・サービス部門の人件費・経費の上昇といったことで引き起こされます。

「売価の減少」や「原価の上昇」がなくても，粗利率が低下することがあります。販売不振や商品の陳腐化，不良品の発生等により，商品の廃棄や評価減をする場合です。売れ筋の商品が，粗利率の高いものから低いものに変わるということが原因であることもあります。

いずれにしても粗利率が大幅に低下していたら，会社内部で「何かが起こっている」と考えてよいでしょう。

▶ One more

仕入れても売れなければ費用にならない？

ドーナツを1つ売った場合の原価は1つ分，2つ売った場合の原価は2つ分というように，原価は売上に対応させます。つまり仕入れても売れ残った部分は費用にならないのです。売れ残った商品代はどこにいったかというと，貸借対照表の商品として計上されています。

3-6 売上が減っても販管費は減らない!?

販管費はいったん増えると削減が難しい…

 費用の分類方法に変動費と固定費があります。販管費は固定費割合が多いため，売上が減っても販管費を圧縮することは難しいのです。

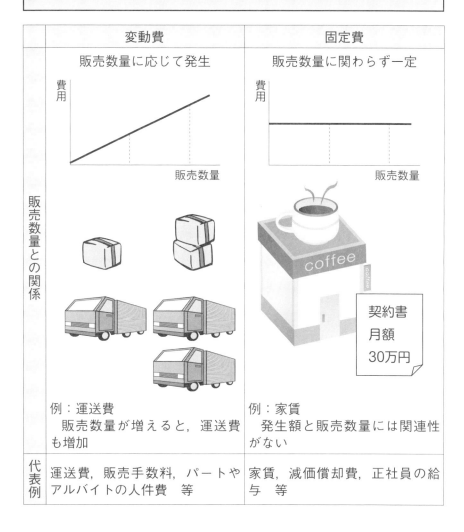

	変動費	固定費
	販売数量に応じて発生	販売数量に関わらず一定
販売数量との関係	例：運送費 販売数量が増えると，運送費も増加	例：家賃 発生額と販売数量には関連性がない
代表例	運送費，販売手数料，パートやアルバイトの人件費 等	家賃，減価償却費，正社員の給与 等

■販管費は，販売数量に左右されない固定費が多い■

変動費とは，販売数量や生産数量等の会社の活動に応じて発生する費用です。販管費の場合は，運送費や販売手数料が該当します。

また**固定費**とは，こうした活動の増減に左右されない費用です。販管費の場合は，家賃や減価償却費（固定資産の取得原価を使用期間に応じて配分した費用）が該当します。同じ人件費でも，労働時間に応じて支払をするパートやアルバイトの場合は変動費，正社員の場合は固定費となります。一般的に，**販管費は固定費割合が高い傾向があります**。

"販売数量に左右されない"固定費割合が高いので，売上の減少は，販管費の減少にはつながりません。店が繁盛しようがしまいが，家賃も正社員の給与も支払わなければなりません。減価償却費も規則的に発生します。

■売上減で販管費が減らないと，営業赤字になることも!?■

成長段階にある会社は，店舗や従業員を増やし規模を拡大しますが，それとともに販管費は増えていきます。順調に成長すれば，増加した販管費を吸収できますが，一転，売上が減少すると困った状況に陥ります。販管費の大部分を占める固定費が減らないということです。

その結果，粗利で黒字を確保していても，販管費を控除すると営業赤字に陥ることがあります。これは会社にとってはもちろんですが，株主や債権者にとっても由々しき事態ですね。

赤字に陥るリスクは，どんな会社でもありますが，「赤字に陥りやすい体質か否か」ということは，**損益分岐点分析**という方法で，簡単に診断することができます。診断に必要なのは，売上と売上原価，販管費の情報のみ。3－7でその方法をご紹介します。

3-7 損益分岐点分析で安全性をチェック
売上高がどれだけ減るとヤバイか？

損益分岐点分析というものがあります。これは、費用を変動費と固定費に分解し、どれだけの売上をあげれば、赤字にならないのかを算定するものです。

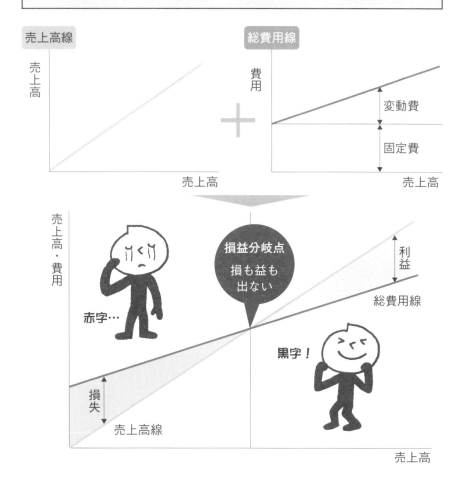

■損益分岐点分析とは■

損益分岐点とは,売上＝費用(売上原価＋販管費,以下,「総費用」という)となる状況,すなわち,ぎりぎり営業赤字にならない限界点をいいます。

損益分岐点を求めることで,「売上高が,どれだけ減少すると赤字に転落するのか」といった**安全性分析**ができます。また,「黒字に転換するには,変動費率や固定費をどれだけおさえればよいのか」といった社内の管理に使うこともできます。

■損益分岐点の求め方■

損益分岐点を求めるには,まず総費用を固定費と変動費に分けることが必要です。決算書の利用者のように詳細な情報がない場合は,変動費＝売上原価,固定費＝販管費としてもさしつかえないでしょう。

次に変動費と売上高から,変動費率を求めます。変動費率＝変動費÷売上高です。これにより総費用は下記のような式となります。

$$総費用＝固定費＋変動費＝固定費＋(売上高×変動費率)$$

損益分岐点では,売上＝総費用なので,上記の式＝売上高とすると,

$$損益分岐点の売上高＝\frac{固定費}{1－変動費率}$$

となります。

損益分岐点は低いほど安全です。これはすなわち,低い水準の売上でも黒字を確保できるということです。気になる会社の損益分岐点が,現在の売上高にせまっているということなら,要注意! ちょっとした売上減少が営業赤字につながるかもしれません。

3-8 3ヶ月間の損益計算書がある
四半期報告書で年度の損益を占おう

> 決算書は会計年度が終わってから作成されるため,「後の祭り」という場合もあります。決算書の利用者としては,年度終了前の途中経過も知りたいもの。そうした場合に3ヶ月ごとに開示される四半期報告書が役立ちます。

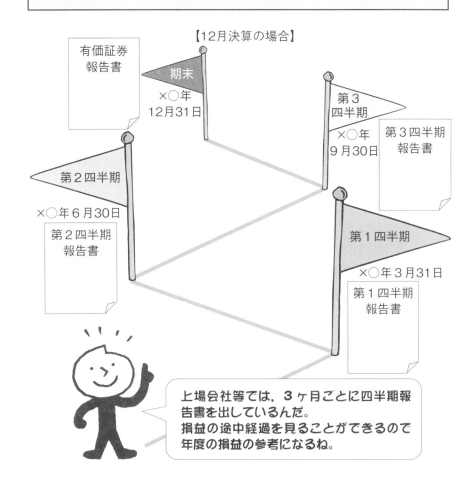

上場会社等では,3ヶ月ごとに四半期報告書を出しているんだ。
損益の途中経過を見ることができるので年度の損益の参考になるね。

■上場会社等では，四半期ごとに決算書を作成する！■

上場会社等では，年間の決算書である有価証券報告書（1－7）のほかに，3ヶ月ごとに開示される**四半期報告書**があります。変化が著しい現代において開示頻度を高くして，投資者を保護することを目的とします。

迅速化のため，四半期報告書は，有価証券報告書ほど肉厚ではありません。しかし，事業報告，貸借対照表，損益計算書等の主要なものがあるので，年度終了前の途中経過を知るのに有用です。

■季節的変動がある場合は，要注意！

四半期報告書を利用する場合，注意すべきなのは，季節的変動です。季節的変動がある場合，「年度は12ヶ月だから，第1四半期（3ヶ月）の約4倍の売上になるだろう」という予想では，乱暴な場合があります。

四半期報告書では，当期と前年同期の損益計算書が併記されています。まず両者を比べたうえで，前年同期と前期（12ヶ月）の比率を見ると，当期の損益予想の参考になります。

また，事業の性質上，売上高や売上原価や販管費に著しい季節的変動がある場合，その旨を損益計算書の注記に記載することとなっています。利用する場合は，こうした注記の有無にも要注意ですね。

> **One more**
>
> **著しい季節的変動がある業種とは？**
> 代表的なのが，ガス事業で，気温が低い冬季に売上が集中します。同じくエネルギー関連事業である電力事業の場合は，冬だけでなく，夏もエアコン等の消費で電力需要が増加し，売上が集中します。
> 注記を記載するまでに至らない場合も，消費時期が限られるものについては，季節的変動があると考えられますね。

まとめ:損益計算書のイメージ

損益計算書
平成X年4月1日から
平成X年3月31日から

科目	金	額
	百万円	百万円
売上高		16,711
売上原価		8,690
売上総利益 ← 粗利ともいう		8,021
販売費及び一般管理費		6,517
営業利益 ← 本業で稼ぎ出した利益		1,504
営業外収益		
受取手形及び配当金	45	
その他	13	58
営業外費用		
支払利息	61	
その他	21	82
経常利益 ← 経常的な利益獲得能力		1,480
特別利益		
固定資産売却益	90	90
特別損失		
減損損失	38	38
税引前当期純利益 ← 税金を引く前の利益		1,532
法人税,住民税及び事業税	521	
法人税等調整額	△54	467
当期純利益 ← 最終利益		1,065

会社法計算書類の損益計算書のイメージだ。
有価証券報告書の場合は2期並列なんだって。

第4章 キャッシュ・フロー計算書の見方

　キャッシュ・フロー計算書は，その名のとおり，会社の「お金の流れ」がわかる決算書です。1年間の会社の動きがわかる点では損益計算書と似ていますが，損益計算書が「儲け」がわかるのに対して，キャッシュ・フロー計算書は「キャッシュ（お金）の動き」がわかります。

4-1 キャッシュ・フロー計算書とは①
お金の動きは，キャッシュ・フロー計算書でないと把握できない

お金は，事業を続けるために必須の資源です。お金がどのように会社に入り，循環し，出ていくかを表すのがキャッシュ・フロー計算書です。

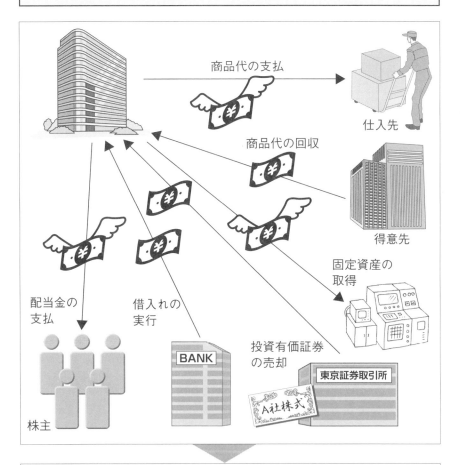

会社の各種活動に係るキャッシュの動きを
キャッシュ・フロー計算書で整理し表す。

■貸借対照表や損益計算書ではお金の動きはとらえられない■

　期首・期末のお金の残高は貸借対照表で確認できます。また，儲けの額は損益計算書で確認できます。しかしどのような要因でお金が増減したかは，これら2つの決算書ではとらえることはできません。

　1つは，利益計上とお金の出入り（＝キャッシュ・フロー）のタイミングにずれがあるためです。たとえば掛け取引では，キャッシュ・フローが生じるのは取引の後です。また減価償却費のように，費用になるけれどキャッシュ・フローが生じない費用，が存在します。

　もう1つは，損益と関係のないキャッシュ・フローがあるためです。たとえば固定資産の取得や売却，借入の実行や返済，配当金の支払などは，損益が発生しません。

　したがって，キャッシュ・フローをとらえるためにはキャッシュ・フロー計算書が必要となります。キャッシュ・フロー計算書では，会社の各種活動を「営業活動によるもの」「投資活動によるもの」「財務活動によるもの」の3つに分けたうえで，発生原因別のキャッシュ・フローを示します。

■キャッシュ・フロー情報の重要性■

　お金が減少している場合，減少要因を分析することは有用です。同じ減少でも，工場建設の投資や借入金の返済によるものなのか，事業がうまくいかずに減少したのかで，リスクが異なります。

　お金が増加している場合も同様です。事業活動でもたらされたものであれば価値がありますが，借入の増加であればいつかは返済しなければなりませんし，土地の売却等であれば一時的なもので継続はしません。

　このようにキャッシュ・フロー計算書は会社のリスク分析に利用することができます。詳細は4－7，4－8で解説します。

4-2 キャッシュ・フロー計算書とは②
区分は，営業活動・投資活動・財務活動の3通り

 キャッシュ・フロー計算書は，お金の流れを会社の「営業活動」「投資活動」「財務活動」の3つに分けて表します。

```
             キャッシュ・フロー計算書
 Ⅰ  営業活動によるキャッシュ・フロー
        ・・・・・・・・                            ×××
             小計                                ×××
        ・・・・・・・・                            ×××
        営業活動によるキャッシュ・フロー              ×××
 Ⅱ  投資活動によるキャッシュ・フロー
        ・・・・・・・・                            ×××
        投資活動によるキャッシュ・フロー              ×××
 Ⅲ  財務活動によるキャッシュ・フロー
        ・・・・・・・・                            ×××
        財務活動によるキャッシュ・フロー              ×××
 Ⅳ  現金及び現金同等物の増加額                      ×××
 Ⅴ  現金及び現金同等物期首残高                      ×××
 Ⅵ  現金及び現金同等物期末残高                      ×××
```

3区分あるね！

■営業活動によるキャッシュ・フロー（4-3, 4-4）■

「**営業活動によるキャッシュ・フロー**」は，本業でどれだけお金が増えたのか，減ったのかを表します。商品を売って代金を回収するとお金は増え，仕入の支払をすればお金は減少します。その他，従業員の給料や交通費，広告宣伝費，税金の支払なども営業活動によるキャッシュ・フローに含まれます。

■投資活動によるキャッシュ・フロー（4-5）■

「**投資活動によるキャッシュ・フロー**」は，本業を続けるためにどのようなものに投資したかを表します。生産設備や本社ビルを取得する場合，逆に，売却した場合にはこの区分に示されます。また投資有価証券や子会社の取得や売却も投資活動によるキャッシュ・フローで示されます。

■財務活動によるキャッシュ・フロー（4-6）■

「**財務活動によるキャッシュ・フロー**」は，資金繰りに関するキャッシュ・フローを表します。借入の実行や返済に関するキャッシュ・フローは，この区分に示されます。その他，株主への配当金の支払やリース債務の支払も財務活動による支出の項目に分類されます。

> **One more**

現金同等物とは？

「現金同等物」は短期の定期預金のような，①簡単に換金可能で，②価値が変動するリスクが少ない，③短期の投資のことです。必要なときにすぐに支払手段として利用できるもの，が現金同等物にあたります。預入期間が3ヶ月未満の定期預金の他，取得日から満期日までの期間が3ヶ月未満の国債やMMFも現金同等物とされています。

4−3 営業活動によるキャッシュ・フロー①
会社の本業で儲けているか？

> 営業活動によるキャッシュ・フローから「本業でいくらお金が入ってきたか」がわかります。この区分のマイナスは、"本業がうまくいっていない"シグナルとなります。

営業活動によるキャッシュ・フロー	
税引前当期純利益	700
減価償却費	150　← 4−4②
投資有価証券売却益	△60　← 4−4③
貸倒引当金の減少額	△180
支払利息	90
売掛金の減少額	100　← 4−4①
買掛金の減少額	△400
たな卸資産の増加額	△500
小計	△100
利息の支払額	△100
法人税等の支払額	△200
営業活動によるキャッシュ・フロー	△400

キャッシュ・フローがマイナスだけど、だいじょうぶかな。

■営業活動によるキャッシュ・フローがマイナスなら？■

　営業活動によるキャッシュ・フロー合計がマイナスなのは，本業でお金を獲得できていないということです。営業開始間もなくて軌道に乗っていないなどの特別な理由がある場合を除き，営業活動によるキャッシュ・フローがプラスでないのは，危険信号です。

■営業活動によるキャッシュ・フローにある小計は何のため？■

　営業活動によるキャッシュ・フローの「小計から上」は本業の取引の対象になったものを，「小計から下」は，①投資活動以外のもの，②財務活動以外のもの，③法人税の支払額を記載するとされています。

　つまり「小計から下」は他に行き場のないキャッシュ・フローが集まってくるところといえます。利息の支払額，法人税等の支払額のほか，損害賠償金の支払額等は小計の下に記載します。

One more

2つの営業活動によるキャッシュ・フロー

　営業活動によるキャッシュ・フローには2つの作成方法があります。1つが左ページで示した方法で「間接法」といいます。「間接法」とは，税引前当期純利益からスタートし，利益とキャッシュ・フローのタイミングがずれる項目（掛け取引や減価償却費）等を調整する方法です。

　もう1つが「直接法」です。「直接法」では会社に実際に出入りしたお金の総額を集計します。お金の流れを直接把握できるという利点がありますが，作成に手間がかかるため，多くの会社は間接法で作成しています。

4-4 営業活動によるキャッシュ・フロー②
調整項目の意味をとらえよう

間接法による営業活動によるキャッシュ・フローは，税引前利益からスタートします。そのうえでいくつかの調整をし，実際のキャッシュ・フローを求めます。

営業活動によるキャッシュ・フロー		
税引前当期純利益	700	
減価償却費	150	②
投資有価証券売却益	△60	③
貸倒引当金の減少額	△180	
支払利息	90	
売掛金の減少額	100	①
買掛金の減少額	△400	
たな卸資産の増加額	△500	
小計	△100	
利息の支払額	△100	
法人税等の支払額	△200	
営業活動によるキャッシュ・フロー	△400	

■間接法は税引前当期純利益から出発する■

　間接法は税引前当期純利益から出発します。利益計上のタイミングとキャッシュ・フローには，いくつかの**ズレ**がありますが，この**ズレ**以外は一致しているという発想からスタートします。つまり，"儲け"と同額のお金が会社に流入したといったん仮定し，**ズレ**がある項目を調整し，実際のキャッシュ・フローを求めるという考えです。

■間接法の調整項目の意味は？■

① 　資産負債項目の増減

　売掛金や買掛金は掛け取引の残高です。つまり損益とキャッシュ・フローに**ズレ**が生じています。また，期末にたな卸資産が残った場合，売上原価が減りますが，キャッシュ・フローには影響がありません。このような資産負債項目については期首残高と期末残高の増減額を税引前当期純利益に加減算します。

② 　お金が出ていかない費用（非資金項目）

　減価償却費は費用ですが，お金は流出しません。そこで税引前当期純利益にプラスの調整をします。投資有価証券評価損や減損損失も同様にお金の流出を伴わないので調整がなされます。

③ 　営業活動以外（投資活動や財務活動）に関連する損益項目

　投資活動に関するキャッシュ・フローの１項目として「投資有価証券の売却による収入」がありますが，これは下記のように算定されます。

| 投資有価証券の売却による収入（200） | ＝ | 投資有価証券の簿価（140） | ＋ | **投資有価証券売却損益（+60）** |

　投資有価証券売却損益を投資活動のキャッシュ・フローで調整するために，営業活動のキャッシュ・フローでプラスマイナスを逆にした調整（売却益ならマイナスの調整）をします。

4−5 投資活動によるキャッシュ・フロー
投資活動によるキャッシュ・フローでわかること

投資活動によるキャッシュ・フローでは，会社が何にどれだけ投資しているかがわかります。つまり，会社が今後，何をしようとしているかを読み解くことができます。

投資活動によるキャッシュ・フロー	
定期預金の預入による支出	△200
投資有価証券の取得による支出	△150
投資有価証券の売却による収入	200
有形固定資産の取得による支出	△1,500
有形固定資産の売却による収入	350
投資活動によるキャッシュ・フロー	△1,300

マイナスが大きい理由は？

■投資活動によるキャッシュ・フローは通常マイナス！■

会社が成長を続ける限り，生産設備やITへの投資は不可欠で，通常，「有形固定資産の取得による支出」「無形固定資産の取得による支出」が生じます。この支出額の規模は，積極的な投資をしている会社ほど大きくなります。「キャッシュ・フローのマイナス＝よくない」というイメージがあるかもしれませんが，これは必ずしも正しくありません。逆に会社規模や業種を勘案し，設備投資の取得による支出が少ない場合は，今後の成長に疑問符がつくかもしれません。

他に，定期預金への預入や，投資有価証券の購入による支出も「投資活動によるキャッシュ・フロー」の項目になります。

■有形固定資産の売却による収入は注意！■

投資活動によるキャッシュ・フローのプラス項目として有形固定資産の売却による収入がある場合は要注意です。有形固定資産とは会社が商売で使用するために取得したもので，売却はイレギュラーだからです。

有形固定資産の売却による収入の額が，会社規模に対し重要と思えるほど大きい場合は，これが事業の変容や拠点統合等による売却なのか，資金繰りのための売却なのかについて，決算書の別の箇所（事業報告書や注記等）で確認してみましょう。

> **One more**
>
> **売却損なのに「収入」？**
> バブル時代に3億円で購入した土地を当期に1億円で売却すると，損益計算書では「売却損2億円」となりますが，投資活動によるキャッシュ・フローでは「有形固定資産の売却による収入1億円」となります。
> 1つの取引なのに，視点が違うと受ける印象も違いますね。

4-6 財務活動によるキャッシュ・フロー
財務活動によるキャッシュ・フローからわかること

 財務活動によるキャッシュ・フローでは，会社の資金繰り，つまり資金の調達方法がわかります。

財務活動によるキャッシュ・フロー	
借入による収入	250
借入金の返済による支出	△800
社債の発行による収入	500
社債の償還による支出	△150
株式の発行による収入	300
配当金の支払額	△150
自己株式取得による支出	△100
財務活動によるキャッシュ・フロー	△150

次は，キャッシュ・フローによる分析方法を紹介するよ。

■主な項目は借入金と配当金■

　財務活動によるキャッシュ・フローは主に，借入の実行・返済，社債の発行・償還，株式の発行と配当金の支払等で構成されます。すなわち，資金調達に関連するキャッシュ・フローを示すのがこの区分です。

■財務活動によるキャッシュ・フローがプラスの場合■

　財務活動によるキャッシュ・フローがプラスなのは，借入を実行した，社債を発行した，増資をした場合等です。つまり，資金調達に成功したということができます。

■財務活動によるキャッシュ・フローがマイナスの場合■

　財務活動によるキャッシュ・フローがマイナスなのは，新規借入よりも返済額が多い場合です。借金を順調に減らしているといえます。

　その他，自己株式取得もマイナス原因の1つです。自己株式の購入理由は，市場で流通する株式数を減少させて株価を上昇させたり，企業再編のための株式交換に利用する等の目的があります。また，市場で売買されている自己株式を購入することで，敵対的企業買収に備えることも考えられます。

One more

返済はしているものの…

　会社が借金を返済していても，本業でお金が入っていて順調に返済できているとも限りません。資産を売って返済している場合もあります。多額の借入の返済が生じているが本業が不調の会社については，投資活動がプラスになっていないかチェックしてみましょう。

4-7 キャッシュ・フローで理解する会社の状況①
商売がうまくいっている会社のキャッシュ・フロー

「営業活動によるキャッシュ・フロー」がプラスの会社は商売が順調といえます。「投資活動」「財務活動」も一緒にみると、儲けたお金の使いみちが見えてきます。

営業活動	投資活動	財務活動	パターン
＋ 収入＞支出	－ 支出＞収入	＋ 収入＞支出	①
		－ 支出＞収入	②
	＋ 収入＞支出	＋ 収入＞支出	※
		－ 支出＞収入	③

※「営業活動＋，投資活動＋，財務活動＋」というパターンもありえますが、事例として乏しいと考えられるので説明は割愛しています。

■商売は順調で，どんどん拡大する会社（パターン①）■

- 営業活動が＋　→本業が順調でお金が入ってくる。
- 投資活動が－　→工場設備やITへの投資をしている。
- 財務活動が＋　→本業で稼いだお金に加え，投資のために借入をしている。

　本業で得たお金に加え，借入を実行し，新規投資をするということで，積極経営で成長をしている会社が想像できます。

■現状維持の安定した会社（パターン②）■

- 営業活動が＋　→本業が順調でお金が入ってくる。
- 投資活動が－　→商売を維持する投資を続けている。
- 財務活動が－　→余剰資金を返済に回している。

　本業の収入が投資額を上回り，余裕分で借入を返済できている，安定した会社が想像できます。

■新規まき直し会社（パターン③）■

- 営業活動が＋　→本業が順調でお金が入ってくる。
- 投資活動が＋　→稼働していない工場等の資産を売却して整理している。
- 財務活動が－　→資産売却で借入金を返済している。

　本業が順調なうちに，今後成長が見込まれない他の事業に関わる工場等を売却して借入を返済し，新規事業を模索する会社が想像できます。

4-8 キャッシュ・フローで理解する会社の状況②
商売がうまくいっていない会社のキャッシュ・フロー

「営業活動によるキャッシュ・フロー」がマイナスの会社は商売がうまくいっていないことが予想されます。こうした状況の打開方法もキャッシュ・フロー計算書から読み取ることができます。

営業活動	投資活動	財務活動	パターン
－ 支出＞収入	－ 支出＞収入	＋ 収入＞支出	①
		－ 支出＞収入	②
	＋ 収入＞支出	＋ 収入＞支出	※
		－ 支出＞収入	③

※「営業活動－，投資活動＋，財務活動＋」というパターンもありえますが，事例として乏しいと考えられるので説明は割愛しています。

■借入をし，新規投資で現状打開を図る会社（パターン①）■

- ・営業活動が－　→本業がうまくいっていない。
- ・投資活動が－　→生産設備等に新規投資をしている。
- ・財務活動が＋　→新規借入等で資金調達をしている。

　本業の不調を打開するための設備拡大に必要な資金調達をしている会社－すなわち現状打開へ模索している状況が予想されます。

■お金が入ってこないが，新規投資をする会社（パターン②）■

- ・営業活動が－　→本業がうまくいっていない。
- ・投資活動が－　→生産設備等に新規投資をしている。
- ・財務活動が－　→新たな借入ができず，返済を続けている。

　本業からも資金調達でもお金が入らないのに新規投資をする会社です。過去に稼いだお金が残っていない限り，現実的にはないパターンです。

■資産を売却して資金繰りをしている会社（パターン③）■

- ・営業活動が－　→本業がうまくいっていない。
- ・投資活動が＋　→土地や建物等の不動産を売却している。
- ・財務活動が－　→新たな借入ができず，返済を続けている。

　本業が不調，かつ，新規借入もできず，不動産を売却してしのいでいる状況が想定されます。

営業キャッシュ・フローがマイナスだと大変だよ…

儲かっているのに，倒産？
黒字倒産する会社のキャッシュ・フロー計算書

「黒字倒産」という言葉を聞いたことはありますか？「黒字＝儲かっている」のに倒産してしまう状態です。この「黒字倒産」の原因はキャッシュ不足です。

たとえば代金の回収を翌月以降の約束にすると，「儲け」と「お金」のタイミングがずれるので，お金の入ってこないタイミングで仕入代金の支払期限が到来すると倒産の危機に直面します。

こんな時が損益計算書では黒字なのに倒産してしまう「黒字倒産」なのです。

これは「営業活動によるキャッシュ・フロー」の「売掛金の増減額」で読み取ることができます。

他にも在庫がはけず残ってしまうと，売った分の儲けはでるものの，残った在庫の仕入支払に追われて会社のお金は減少します。これも「たな卸資産の増減額」でわかります。

下のように同じ1,000円の税引前当期利益でスタートしていても，代金の回収ができている会社（B社），できていない会社（A社），在庫がはけていない会社（A社），はけている会社（B社）で，キャッシュ・フローに差がでてしまうのです。

項目	A社	B社
税引前当期純利益	1,000	1,000
売掛金の増減額（▲は増加）	▲500	300
買掛金の増減額（▲は減少）	▲200	▲200
たな卸資産の増減額（▲は増加）	▲300	100
小計	0	1,200

黒字倒産の予兆もキャッシュ・フロー計算書から読み取れるのだね♪

第5章 決算書をざっくり見渡そう

　ここからは上場企業の決算書である有価証券報告書についてのお話になります。情報量の多い有価証券報告書を全て読みこなすことはなかなか難しいので，まずは，会社の全体像を大局的視点で理解するための読み進め方を解説します！

```
有価証券報告書

    第XX期
自　XX年4月1日
至　XX年3月31日




    株式会社○○
```

ここからは有報の読み方を理解しよう。

5-1 有価証券報告書は企業情報の宝庫
「大局的視点」が重要！

「有価証券報告書」にはさまざまな情報が記載されています。まずは会社の全体像を大局的視点で理解することが重要です。

有価証券報告書

第1【企業の概況】
　1【主要な経営指標等の推移】（5-3）
　2【沿革】
　3【事業の内容】（5-2）
　4【関係会社の状況】（5-2）
　5【従業員の状況】

第2【事業の状況】
　1【業績等の概要】（5-4）
　2【生産，受注及び販売の状況】
　3【対処すべき課題】（5-6）
　4【事業等のリスク】（5-5）
　5【経営上の重要な契約等】（5-8）
　6【研究開発発動】（5-8）
　7【財政状態，経営成績及び
　　　キャッシュ・フローの状況の分析】

第3【設備の状況】（5-7）
第4【提出会社の状況】
第5【経理の状況】
第6【提出会社の株式事務の概要】
第7【提出会社の参考情報】

下線の項目はこの章で取り扱う項目だよ。

■有価証券報告書を読む■

　第5章以降は，上場企業の決算書である「有価証券報告書」の読み方を理解していきましょう。有価証券報告書にはさまざまな情報が盛り込まれており，そのページ数も膨大になりますので，全てを読むことはなかなか難しいでしょう。

　そこで，まずこの第5章では，有価証券報告書を大局的な視点で見渡し，会社の全体像を理解することから始めます。続いて，第6章ではM＆Aなど何か大きな事象が起きた場合，どこにどのように記載され，どうすれば中身を読み解けるかについて，第7章では会社で起こっていることをさらに詳しく把握するために，税効果やセグメントなどの重要な注記の読み方を説明していきます。最後に，第8章では決算書に記載されている情報を用いて，会社の中身をより詳しく知るための分析方法をご紹介します。

■大局的視点で理解しよう■

　有価証券報告書の主な構成は左ページのようになっています。このうち，これまでの章で見てきた本表（貸借対照表，損益計算書，株主資本等変動計算書，キャッシュ・フロー計算書）や注記などが記載されているのは「第5【経理の状況】」です。

　有価証券報告書をどこから読み始めればよいかの決まりはありませんが，まずは会社のビジネスの状況や，業績のトレンド，会社が認識している事業上のリスクや課題など，会社の全体像を大局的視点で理解し，そのうえで本表や注記等の詳細な情報を読み進めることをおススメします。そうすることでその会社に対する理解も進みやすく，また深まることでしょう。

5-2 会社のビジネスを知る
ビジネス情報は「事業の内容」を読んで知る！

「事業の内容」を「関係会社の状況」とあわせて読むことで，会社が行っている事業の内容やその事業を構成するグループ会社の位置付けを確認することができます。

第1【企業の概況】
3【事業の内容】
　当社グループは，当社，連結子会社3社，関連会社1社により構成されており，A事業及びB事業を主たる事業としております。

　事業の内容と当社及び当社の関係会社の当該事業における位置づけは以下のとおりです。

A事業
　甲製品及び乙製品の製造販売を行っております。
（主な関係会社）
当社，AB社，CD社

B事業
　丙製品の販売を行っております。
（主な関係会社）
EF社

4【関係会社の状況】

名称	住所	資本金（百万円）	主要な事業の内容	議決権の所有割合（%）	関係内容
（連結子会社）					
AB㈱	東京都千代田区	2000	甲製品及び乙製品の製造販売	100	役員の兼任2名
CD㈱	東京都品川区	500	甲製品及び乙製品の製造販売	100	役員の兼任2名
EF㈱	大阪府大阪市	150	丙製品の販売	80(50)	なし
（持分法適用関連会社）					
GH㈱	福岡県福岡市	50	乙製品の販売	30	なし

（注）1．議決権割合の（　）内は間接所有割合で，内数であります。

■まずは「事業の内容」を読む■

　会社がどのような事業を行っているかを把握するためには，まず「第1【企業の概況】」の中にある「3【事業の内容】」を確認します。

　事業の内容では，企業グループが行っている主な事業について，事業を構成する会社の位置付けを含めて記載されています。会社は核となる事業だけでなくさまざまな事業を行っていますので，それぞれの事業でどのようなものを製造，販売，あるいはサービスを提供しているのかについて，事業を構成する主要なグループ会社の位置付けも含めて確認することができます。

　このような事業の内容は，事業系統図で示されていますので，たとえばあるグループ会社が製造した製品を別のグループ会社が顧客に販売している，といった企業グループとしての商流も確認できます。

　また，関係会社の異動状況が記載される場合もありますので，どのような事業を行っている会社が設立・消滅したかを知ることで，会社のビジネスに生じた変化を読み取ることができます。

■事業とグループ会社を関連付けて読む■

　複数のグループ会社を含めた企業グループで事業活動を行っている会社については，どのような会社でグループが構成されているかもビジネスを理解するうえで重要な情報となります。

　「第1【企業の概況】4【関係会社の状況】」では，企業グループを構成する主要な会社について，会社名，所在地，事業の内容，親会社との関係などが記載されています。たとえば，グローバルに事業展開している企業グループであれば，どのような地域にどのような事業を行っている会社があるのかを知ることができ，先ほどの事業の内容とあわせて会社のビジネスを把握することに役立ちます。

5-3 企業の業績トレンドを読み解く
大きな変化はないか？

 会社のビジネスの理解をもとに業績のトレンドを把握することで，会社に生じている大きな変化や留意すべき点を読み解くことができます。

第1【企業の概況】
1【主要な経営指標等の推移】

回次		第X1期	第X2期	第X3期	第X4期	第X5期
決算年月		X1年3月	X2年3月	X3年3月	X4年3月	X5年3月
売上高	(百万円)	75,512	84,951	89,453	81,492	92,168
経常利益	(百万円)	4,893	6,040	6,217	5,175	6,378
親会社株主に帰属する当期純利益	(百万円)	2,401	3,050	2,746	△1,185	2,654
包括利益	(百万円)	2,492	3,219	2,		
純資産額	(百万円)	32,722	35,528	37,913	36,281	38,344
総資産額	(百万円)	68,457	76,783	82,874	83,368	89,516
1株当たり純資産額	(円)	1,189.9	1,291.9	1,378.7	1,319.3	1,394.3
1株当たり当期純利益金額	(円)	87.3	110.9	99.9	△43.1	96.5
潜在株式調整後1株当たり当期純利益金額	(円)	—	—	—	—	—
自己資本比率	(%)	47.8	46.3	45.7	43.5	42.8
自己資本利益率	(%)	7.1	8.3	7.0	△3.1	6.7
株価収益率	(倍)	22.5	18.9	28.9	—	26.7
営業活動によるキャッシュ・フロー	(百万円)	6,222	7,119	7,451	6,128	7,834
投資活動によるキャッシュ・フロー	(百万円)	△3,695	△8,462	△5,884	△5,287	△12,152
財務活動によるキャッシュ・フロー	(百万円)	△1,059	1,921	△860	△428	3,287
現金及び現金同等物の期末残高	(百万円)	6,708	7,445	8,251	8,581	7,602
従業員数［ほか，平均臨時雇用人員］	(名)	2,373	2,522	2,616	2,652	2,772

（第X4期 親会社株主に帰属する当期純利益欄）大幅な赤字を計上！

（第X5期 投資活動によるキャッシュ・フロー欄）大きな投資を実施？

■業績のトレンドをざっくり把握する■

　会社のビジネスを理解したら，その理解をもとに業績のトレンドを把握してみましょう。業績のトレンドは「第1【企業の概況】1【主要な経営指標等の推移】」に記載されており，売上高や経常利益といった業績に関するもの，純資産や総資産といった財政状態に関するもの，自己資本比率や自己資本利益率といった経営指標，そしてキャッシュ・フローの状況などで構成されています。そのため，これらの情報を利用して，業績の期間比較や同業他社との比較など，さまざまな分析を実施することができます。

　また，過去5事業年度のトレンドを見ることで，会社に生じた大きな変化の端緒を知ることができます。もし何か大きな変化が生じていれば，今後有価証券報告書を読み進めるうえで留意すべき点はどこかを把握できるわけです。

■読む際のポイント■

　左ページの具体例を見てみましょう。

　前期（第X4期）に売上が落ち込み，当期純利益が大幅な赤字になっています。このあと有価証券報告書を読み進めるうえで，前期に赤字となった原因や当期に売上・利益ともに回復した原因は何か，それらの要因を踏まえ，来期以降も業績は上向く傾向にあるのかといった点を確認していくことになります。

　また，当期は投資活動によるキャッシュ・フローの大幅なマイナスも目立ちますね。大きな投資の実行が示唆されていますので，どのような分野にどのような投資を行ったのか，この投資によるリスクは何かという点を確認していくことになります。

5-4 業績の概要を読む
会社自らの業績の分析を知ろう

「業績等の概要」には，業績に対する会社の自己分析が記載されています。事業活動の結果としての業績だけでなく，その結果につながった背景・原因を読むことで，会社の業績をより深く知ることができます。

第2【事業の状況】
1【業績等の概要】

　当連結会計年度における我が国の経済は，…。この結果，売上高は92,168百万円と前期比10,676百万円（13.1％）の増収となりました。営業利益は…。
　セグメント別の業績は，以下のとおりです。

A事業
　当セグメントでは，…。

B事業
　当セグメントでは，…。

損益計算書

売上高　92,168百万円
・
・
・

業績の背景を読もう。

セグメント情報					
(当期)	A事業	B事業	計	その他	合計
売上高					
外部顧客への売上高	67,515	23,779	91,294	874	92,168
(前期)	A事業	B事業	計	その他	合計
売上高					
外部顧客への売上高	56,476	24,163	80,639	853	81,492

■【業績等の概要】は会社の自己分析■

　会社の事業や業績のトレンドをざっくり把握できたら，当期の業績について会社がどのように分析しているかを確認しましょう。「第2【事業の状況】1【業績等の概要】」では，前期と比較した当期の業績について，会社自らが行った事業（セグメント）別分析が記載されています。

　現在の事業環境やマーケットについて会社がどのように捉えているか，その中で会社がどのような方針で事業活動を行い，業績に結びつけているかを理解できます。これにより単に業績が「良かった」「悪かった」という結果だけでなく，その原因についても把握できるため，会社の現状をより深く知ることができるわけです。

　【業績等の概要】は本表である損益計算書（業績）の内容を分析したものになりますので，対象となる数値は損益計算書と一致します。また，セグメント別の業績分析は，セグメント情報注記と一致します。したがって，分析の対象となっている損益計算書やセグメント情報注記をあわせて読むことも有用です。

■セグメント別に読むことで事業ごとの状況がわかる■

　会社の業績をセグメント別に読むことでそれぞれの事業の状況を把握でき，会社の状況をより深く理解することができます。

　左ページの例では，会社全体で見ると当期は前期に比べて売上高が増加しています。しかし，セグメント別に見てみると，A事業は大幅に売上を伸ばしたのに比べ，B事業は逆に前期よりも売上が落ちています。A事業が好調であった原因は一過性なのか継続するものなのか，B事業は回復の見込みがあるのか，といった点を会社の分析から読み解くことで，当期の業績の理解だけでなく，来期以降の業績予測にも役立てることができます。

5-5 会社のリスクを知る
会社を取り巻くリスクは多岐にわたる

会社が認識しているリスクを知ることで，どのようなことが起きると会社の業績に影響が生じるかを把握することができ，将来の業績予測に役立てることができます。

第2【事業の状況】
4【事業等のリスク】

　有価証券報告書に記載した事業の状況，経理の状況等に関する事項のうち，投資者の判断に重要な影響を及ぼす可能性のある事項には，以下のようなものがあります。
(1)　財政状態，経営成績及びキャッシュ・フローの状況の異常な変動
　　・
　　・

為替リスク

法規制リスク

海外リスク

訴訟リスク

いろいろなリスクがあるぞ。

■会社が認識しているリスクを知る■

「第2【事業の状況】4【事業等のリスク】」には，会社を取り巻くリスク要因のうち，会社が投資家の判断に重要な影響を及ぼす可能性があると考えている項目が記載されます。

会社が認識しているリスクを知ることで，どのような状況になった場合に会社の業績に影響が生じるかを把握することができ，将来の業績予測に役立ちます。たとえば，輸出企業など為替変動の影響を多く受けるリスクがあれば，円高傾向が続くことが想定される状況では業績に悪影響があると判断できるわけです。

■リスクの内容は会社によってさまざま■

「事業等のリスク」に記載される内容は会社によってさまざまですが，ここではリスクを5つに分類し，その一例を見てみましょう。

1. 財政状態，経営成績及びキャッシュ・フローの状況の異常な変動
   （例）市況変動（価格変動，為替変動，金利変動等）を受けるリスク，カントリーリスク，災害リスク
2. 特定の取引先・製品・技術等への依存
   （例）売上の多くを特定の取引先や特定の製品に依存していることによるリスク
3. 特有の法的規制・取引慣行・経営方針
   （例）許認可が必要な業種に属する場合，法律の改正により製品の販売やサービスの提供ができなくなるリスク
4. 重要な訴訟事件等の発生
   （例）訴訟により重大な損害賠償が発生するリスク
5. 役員・大株主・関係会社等に関する重要事項
   （例）仕入先が大株主である場合の取引条件に関するリスク

5-6 会社の課題を把握する
会社自身による分析がポイント

会社にはさまざまなリスクや課題があります。「対処すべき課題」の項目では、それらを会社自身がどのように認識し、どう対処していく方針であるかを知ることができます。

第2【事業の状況】
3【対処すべき課題】

1. 当社グループでは、以下の2つを重要な経営課題として対応を図ってまいります。
(1) 魅力ある新製品の開発
　・・・
(2) コスト削減
　・・・

2. 当社グループでは、XX年度から3年間を対象とした中期経営計画に基づき事業運営を行っております。当社グループの目標とする連結経営指標は以下のとおりです。
　売上高　1,200億円
　ROE　10%

会社の方向性を理解しよう！

■経営目標や重点課題を知る■

「第2【事業の状況】3【対処すべき課題】」には,会社の経営目標や事業展開にあたり重点的に対処すべき課題およびその対応策が記載されています。会社が認識している事業上のリスクや経営上の課題は多くありますが,そのうち重要な課題について経営者がどのように状況を認識し,どう対処していく方針であるかを知ることができます。

なお,会社によっては,このような課題も踏まえて中期経営計画等を記載している会社もあります。経営目標を把握することで,経営者がどのような指標を重点的に向上させようとしているのか,会社の方向性を理解することができます。

■読む際のポイント■

【対処すべき課題】を読む際には,【業績等の概要】(5－4参照)や【事業等のリスク】(5－5参照)の記載内容も含め総合的に把握することがポイントです。

業績の自己分析が経営上の課題や業績に影響を与える可能性のあるリスクの認識につながり,これらのうち重点課題について【対処すべき課題】にその対応方針が記載されるという関係にあるためです。これら一連の記載について,そのつながりを意識しながら読み進めることで,その会社についてより深く理解できるようになります。

> **Keyword**
>
> **中期経営計画**
> 「中経(ちゅうけい)」とも呼ばれ,一般的に3～5年程度の中期的な経営目標を定めたものです。売上目標など,具体的な指標を目標にする例も多く見られます。

5-7 現在と将来の設備の状況を把握する
投資計画で将来の事業が予測できる

 投資計画を読むことで，会社がどの分野に重点的に投資を行っていくかを知ることができ，将来の業績予測につなげることができます。

第3【設備の状況】
2【主要な設備の状況】

(1) 提出会社

事業所名	セグメントの名称	設備の内容	帳簿価額 (百万円)	従業員等 (人)
本社	―	本社	1,076	329
東京工場	A事業	生産設備	15,489	946

(2) 国内子会社

会社名	事業所名	セグメントの名称	設備の内容	帳簿価額 (百万円)	従業員等 (人)
CD㈱	本社, 工場	A事業	本社, 生産設備	2,271	543

3【設備の新設、除却等の計画】

(1) 重要な設備の新設等

会社名	事業所名	セグメントの名称	設備の内容	投資予定額 (百万円)	資金 調達方法
提出会社	東京工場	A事業	甲製品の 製造設備	6,000	借入金

将来の計画も重要だよ！

■現在の設備の状況■

会社の主な設備については,「第3【設備の状況】」において,所在地や利用形態,勘定科目ごとの帳簿価額を把握することができます。なお,自社保有でなくても,重要な資産を賃借していればこの項目に記載されます。

たとえば,製造業において製造設備や研究開発施設が特定の地域に集中している場合,災害や紛争等によって事業の継続に重要な影響を受ける可能性があります。また,国によっては,カントリーリスクが顕在化している場合があるかもしれません。そのため,設備の状況を把握するだけでなく,会社のリスクや課題とあわせて読むことも重要です。

■将来の設備投資計画■

「第3【設備の状況】」では,重要な設備の新設,拡充,改修,除却,売却等の計画がある場合に,その内容や投資額,資金調達方法などを把握することができます。

どの分野にどのくらいの投資をしようとしているのか,投資額は会社の業績やキャッシュ・フローの状況から考えて過大ではないか（投資にあたりリスクはないか）,設備投資額は同業他社と比べてどうか,といった点が読む際のポイントになります。特に,工場の新設や海外での大型投資など,将来の業績予測につながる投資には注意が必要です。

また,重要な設備の除却や売却計画がある場合,状況によっては減損損失（投資の回収ができなくなると見込まれる場合に計上される損失）が計上されている場合があります。注記とあわせて読むことで,除却や売却を決定した理由や業績に与える影響を知ることができます。

5-8 重要な契約やR&D活動を把握する
将来の事業への影響度を知る

会社によっては,ビジネスの根幹に関わる契約が存在したり,R&D活動の成否が業績に重要な影響を及ぼすことがあります。会社の将来に大きな影響を及ぼす可能性のある項目であり,しっかり把握しておくことが重要です。

第2【事業の状況】
5【経営上の重要な契約等】

契約会社名	相手先の名称	相手先の所在地	契約内容	契約期間
提出会社	ZZ company	アメリカ	ブランド使用権の許諾	XX年4月1日〜XX年3月31日

6【研究開発活動】

　当社グループは,○○という経営理念のもと,顧客ニーズに合致した魅力ある製品を提供するため,新技術・新商品の研究開発活動に取り組んでおります。
　当連結会計年度における当社グループの研究開発費の総額は,20億円であります。

セグメントごとの研究開発活動は,以下のとおりです。
(1) A事業
　　・・・

研究開発は,他社や過去との比較も大事だね。

■重要な契約■

「第2【事業の状況】5【経営上の重要な契約等】」では，会社がビジネスに重要な影響を与えると考えている契約が記載されています。

たとえば，あるブランドの独占販売契約を締結しており，業績がそのブランドに関する製品の売上に大きく依存している会社があるとすれば，この契約が継続するか否かはとても重要です。契約の内容や期間について確認するとともに，【対処すべき課題】や【事業等のリスク】をあわせて読むことで，経営者が重要な契約についてどのようなリスクを把握し，対処しようと考えているかを知ることができます。

また，株式譲渡契約や合併契約などのように，会社に重要な影響を与えるM&Aに関する契約が締結された場合もこの項目に記載されます。M&Aの事実や影響の読み方については，第6章でご紹介します。

■R&D活動は将来への投資■

R&D（Reserch & Development）とは研究開発のことであり，「第2【事業の状況】6【研究開発活動】」の項目に，研究の目的や主要な課題，成果，研究開発費の金額等が記載されます。

製造業を中心とした技術革新が必要な業種においては，継続的なR&Dが必要不可欠であり，R&D活動は将来の業績を考えるうえでとても重要な項目です。多少業績が悪いからといってR&D活動を疎かにするようでは，競合他社に後れをとってしまうかもしれません。

会社がどのような方針で，どの分野のR&D活動に力を入れているのか，過去の研究開発費と比較して増加傾向なのか減少傾向なのか，売上高に対する研究開発費の割合は同業他社と比較してどうか，といった視点でこの項目を読むことで，会社のR&Dに対する姿勢を理解することができます。

会社を知る方法はさまざま

　有価証券報告書は，会社の事業内容を理解したり，業績を把握したりするのにはとても有用な情報源です。しかし，年1回，決算日後およそ3ヶ月後に発行されるものですので，タイムリーな情報という点ではやや欠点があります。それでは，他に会社を知る方法にはどのようなものがあるのでしょうか。

- **会社のホームページ**……多くの会社は自社のホームページを持っています。構成は会社によりさまざまですが，経営理念や組織体制など会社の基本となる情報のほか，プレスリリースとして経営状況や業績速報などをタイムリーに発表している例もあり，有力な情報源の1つです。
- **「会社四季報」・「日経会社情報」**……これらは年4回発行され，会社の業績予想を中心に会社の重要情報が掲載されています。会社が公式に表明している業績予想と異なる，発行会社独自の予測となっている場合もあり，業績予想にあたり有用な情報源です。
- **SNS**……会社がFacebookやTwitterなどSNSの公式アカウントを持っていることもありますし，さまざまなユーザーによる非公式な情報も多く存在します。SNSの利点は何といっても情報の速さと，会社を通さない生の情報が含まれている点です。会社が隠そうとした情報がSNSによりオープンになってしまう，という例を目にする機会も増えましたね。
- **自分の目で確かめる**……店舗展開をしていたり，自分自身で購入できる製品やサービスを販売している会社の場合，自分の目で直接確かめることも有用です。百聞は一見に如かずということわざのとおり，情報化社会となった現代においても，自分の目で確かめることが信頼できる情報を得るための最も確実な手段なのかもしれません。

第6章 大きな事件は起こっていないか?

　会社は事業活動を行っていく中でさまざまな課題に直面します。この章では会社に大きな事件が起こっている場合に決算書のどこを見ればわかるのかを説明していきます。

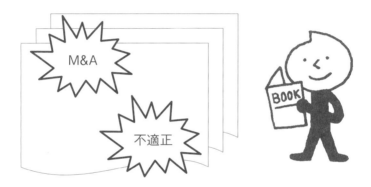

　会社で起きている大きな事件を見逃すことは，会社の決算書を誤って理解することになります。そのため，会社の決算書を読み解く際に大きな事件は絶対に見逃してはいけません。木を見て森を見ずとならないよう，大局的な観点で会社にとっての重要な事象がどこに記載され，どこに影響するのかを見ていきましょう。

6-1 大きなM&Aは行われていないか
投資内容や会社の事業における位置付けが読み取れる！

M&Aが実施された場合，そのM&Aの会社の事業における位置付けやM&A後の事業に与える影響は，【事業の状況】に記載されます。また投資内容の詳細（投資額やのれん等）は，「企業結合等関係（注記）」に記載されます。

A社が大型M&Aをしたらしい！詳しいことを知りたいけれど，何を見ればいいのかな？

■企業結合等関係（注記）
1．企業結合の概要
(1) 被取得企業の名称及びその事業内容
　　被取得企業の名称　株式会社XYZ
　　被取得企業の事業　インターネット通販事業
(2) 企業結合を行った理由
　　当社においては店舗において衣類を販売しておりますが，インターネット通販事業に進出するため企業結合をすることにいたしました。
・・・
3．被取得企業の取得原価及び対価の種類ごとの内訳
　　取得の対価　　　　　　　　現金　100百万円
　　取得に直接要した費用　　　現金　 20百万円
　　取得原価　　　　　　　　　　　　120百万円

【事業の状況】
　衣料品販売事業においては，従来の店舗における販売に加え，インターネット通販を行うため，株式会社XYZの株式を100％取得し子会社としました。その結果，売上高は……。

■M&Aとは■

M&A（Margers & Acquisitions）とは，合併と買収を意味します。2つ以上の会社が1つの会社になることが合併，ある会社が別の会社の株式を取得して経営権を取得することが買収です。

いずれも会社の規模の拡大や多角化をする場合に行われる手法です。M&Aは業績に大きな影響を与えるものなので，要チェックですね。

■M&Aの理由や投資規模は「企業結合等関係」で確認■

M&Aが行われた場合，「**企業結合等関係（注記）**」に概要や理由，会社名，企業結合日，投資額，のれん等を記載することになっています。なので，「M&Aの詳細を知りたい！」という場合は，ここをチェックしてみましょう。

■M&A後の事実や影響は「事業の状況」で確認■

M&Aを実施したという事実や業績への影響については，【事業の状況】をチェックしてみましょう。【事業の状況】には重要な経営上のできごとを記載するとされており，M&Aに係る影響も記載されることが多いのです。売上高，経常損益，当期純損益等の実績が，前事業年度との比較形式で記載されますので，その増減によってM&Aの影響をとらえてみましょう。

> **One more**
>
> **M&Aは適時開示事項**
> 投資家保護のため，上場会社においては，株価に影響を与えるようなイベントがある場合，適時に開示する義務があります。M&Aは，適時開示事項に該当しますので，誰でもタイムリーにM&Aの情報を得ることができます。

6-2 為替変動の大きな影響がないか
業績の伸びの大半が為替の場合も？

輸出入の割合や海外拠点割合が多い会社の場合、為替レートの変動によって業績は大きく変動します。業績を見る場合は、為替レートの影響がどのぐらいあるかをまずつかみましょう。

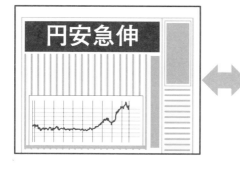

為替相場に大きな変動があった場合、チェックする財務指標

■損益計算書
　売上高、売上総利益の増減

■セグメント情報
　地域ごとの情報

海外割合が高い会社の場合、為替レートの業績への影響は大。
会社の実力が変わったのか、為替レートの影響かを見極めよう！

■為替レートの変動と財務指標の関係■

　輸出入の割合や海外拠点割合が多い会社の場合，為替レートの変動に業績は左右されます。たとえば売上高のうち，海外にある子会社（以下，「在外子会社」という）(注1)の占める割合が7割という企業グループの場合，円安になると，連結売上高は，以下のように変わってきます。

売上高	1＄＝100円の場合	1＄＝120円の場合
親会社（円建）売上高	30億円	30億円
在外子会社（外貨建）売上高	7千万ドル	7千万ドル
在外子会社（円建）売上高	70億円	84億円
連結売上高(注2)	100億円	114億円

（注1）在外子会社がすべてドル建てで決算書を作成している場合
（注2）簡便のため，グループ内売上はないとする。

　内容は変わっていないのに，円建の売上は14億円も増えてしまいます。
　輸入の場合は，円安で不利（円換算後が大きくなる）に，円高で有利になります。逆に輸出では，円安で有利に，円高で不利になります。
　為替レートの変動は，販売数量にも影響します。たとえば輸出企業では，円高になると，円換算後の売上代金が小さくなるので，外貨ベースの代金を上げて対応する場合があります。ところがその結果，現地での競争にやぶれ，販売数量が減り，売上が減少してしまうこともあります。

■海外顧客への売上情報は，「地域ごとの情報」をチェック■

　セグメント情報の「地域ごとの情報」には，外部顧客への売上高を日本と海外に分け記載します。海外の顧客であるからといって，外貨建取引とは限りませんが，参考にはなります。前年と比較し，どのように動いているかを確認してみましょう。

6-3 不振な事業はないか
減損損失の注記をチェック

事業不振のため、その事業に関する設備について減損損失が計上されることがあります。この場合、その詳細が注記に記載されます。

減損損失の注記のイメージ

不振事業発見…。

（連結損益計算書関係）

※5

減損損失の内容は、次のとおりです。

（当連結会計年度）

当連結会計年度において、当社グループは以下の資産について減損損失を計上しました。

場所	用途	種類	金額（百万円）
東京都 千代田区	事業用資産	建物および 機械設備	1,000

当社グループは工場別にグルーピングを行っております。

営業活動から生じる損益が継続してマイナスであるA工場の事業用資産を回収可能価額まで減額し、当該減少額を減損損失（1,000百万円）として特別損失に計上しました。

なお、回収可能価額は、正味売却価額または使用価値により測定し、将来キャッシュ・フローを5％で割り引いて算定しています。

■事業不振を示す減損損失が計上されていないか？■

時代の変化に対応し利益を出していくためには，新規事業への参入や，技術革新への対応が必要な局面があります。その過程で新たな設備を購入するということもあります。

しかし，設備投資が必ず利益を生むとは限りません。もくろみが外れ，設備の簿価を回収できないような事態になった場合，回収できないと見積もられる金額を計上するものが減損損失です。逆にいうと，減損損失の計上が不振事業存在のリトマス紙になるともいえます。

■減損損失の注記■

減損損失は損益計算書で確認できますが，詳細は損益計算書の注記に記載されます。

減損損失の算定にあたっては，資産のグルーピング，減損の兆候の把握，減損の認識の判定，減損損失の測定といった段階的な判断過程があります。注記にはその判断過程がわかるように，減損損失を計上した資産の用途，種類，場所などの概要，グルーピングの方法，減損損失の認識に至った経緯，減損損失の金額と内訳，将来回収できるであろう金額の計算方法が記載されます。

■セグメント別の減損損失の情報もわかる！■

セグメント情報では経営者が意思決定する単位（セグメント）で，さまざまな損益情報が開示されますが，そのなかに減損損失もあります。ここから，どういったセグメントに減損損失が多く計上されたのか，つまり不振事業の分布を読み取ることができるのです。

6-4 会社の存続に問題はないか
継続企業の前提に関する注記をチェック

会社が存続できない可能性がある場合，継続企業の前提に関する注記に記載されます。この場合，会社になんらかの危機が起きているということですので必ずチェックしましょう。

わぁ！ なんかただならぬ感じの文言が並んでいるぞ！
どうとらえればいいんだろう？

（継続企業の前提に関する事項）

　当社グループは，５期連続して経常損失及び当期純損失を計上しており，当連結会計年度末の当期純損失は1,000百万円となっております。

　これは，…
・・・・・・・・・・・・・・・・

　当該状況により，**継続企業の前提に重要な疑義を生じさせるような事象又は状況が存在**しております。

　当社グループは，当該事象又は状況を改善・解消すべく，以下のとおり，安定した収益の確保，コスト削減，財務基盤の強化及び資金の確保等により安定した経営を図って参ります。
・・・・・・・・・・・・・・・・

　当社グループは，以上の対応策を実行して参りますが，安定した収益の確保には未だ至っておらず，**継続企業の前提に関する重要な不確実性**が認められます。

　なお，連結財務諸表は継続企業を前提として作成しており，継続企業の前提に関する重要な不確実性の影響を連結財務諸表に反映しておりません。

■継続企業の前提とは■

「会社は永久に存続する」という前提を**継続企業の前提**といいます。現在の会計基準は、この継続企業の前提に基づいて成り立っています。

たとえば、資産は取得時の金額で計上され、その時点の売却価値で表示されているわけではありません。逆に考えると、会社に存続の危機がある場合は、資産を取得原価で表示するのではなく、売却価値で表示するべきと考えられ、既存の会計基準で会計処理するべきではないと判断される可能性があります。

そのため、「**継続企業の前提**」に問題がある会社の場合、注記によってその前提が適切かどうかの記載がされるのです。

■継続企業の前提に関する注記■

企業の存続に問題がある場合、継続企業の前提に関する注記において、継続企業の前提に重要な疑義が存在している状況や事象、経営改善策、重要な不確実性が存在する旨、継続企業を前提として決算書を作成しているかどうかなどが記載されます。これらの情報は会社存続についての非常に重要な情報となります。

■財務制限条項■

継続企業の前提に疑義がある場合は、銀行からの借入金に関する財務制限条項に引っかかることも考えられます。財務制限条項とは、会社の財政状態が銀行との契約で設定した基準以上に悪化した場合に、借入金を即時返済しなければならないといったペナルティのことをいいます。

継続企業の前提に関する注記は、間接的にも会社の存続にかかわる重要な情報ですね。

6-5 監査報告書のアラームを見逃すな
適正意見が出ているか？

 公認会計士または監査法人が発行する監査報告書には適正意見，限定付き適正意見，不適正意見，意見不表明といった種類があります。適正意見以外の場合は，重大事件が起こっている可能性があります。

監査報告書のイメージ

```
          独立監査人の監査報告書
                       平成○○年×月△△日
○○株式会社
取締役会御中
                              △△監査法人
                                   ○○○○
                                   ××××

監査対象
計算書類等に対する経営者の責任
監査人の責任
監査意見
利害関係
```

適正意見：全て問題なし
限定付き適正意見：一部問題あるが全体としては問題なし
不適正意見：全体として問題あり
意見不表明：監査ができず意見表明できない

■監査報告書とは■

監査報告書とは，会社が作成した決算書を公認会計士がチェックした結果を記載したもので，**監査意見**が記載されます。監査意見は，適正意見，限定付き適正意見，不適正意見，意見不表明のいずれかとなります。

決算書をそのまま利用できるのは適正意見のものです。適正意見以外のものは，決算書に重要な虚偽表示がある場合，または，十分な監査証拠が得られないため決算書に重要な虚偽表示があると考えられる場合であり，監査報告書を読んだうえで，決算書を利用することが必要です。

■強調事項が付いている監査報告書は要注意なの？■

監査報告書には**強調事項**が記載されたものがあります。強調事項は，監査人から決算書を読む人に対する注意喚起ですので，その内容に注意する必要があります。

たとえば以下のような場合に強調事項は記載されます。

- 影響が非常に大きい会計基準の早期適用
- 重要な訴訟や規制上の措置の将来の不確実性
- 重大な影響を及ぼす大きな災害

監査報告書に強調事項が記載されている場合は，その内容に注意する必要があります。

One more

強調事項がある場合の文例

強調事項がある場合の監査報告書は，たとえば下記のようなものです。
「強調事項
注記事項○○に記載されているとおり，会社は特許権の侵害に関する損害賠償請求の被告となっている。当該訴訟の最終的な結論は現在のところ得られていないため……計上されていない。
当該事項は，当監査法人の意見に影響を及ぼすものではない。」

6-6 内部統制報告書のアラームも見逃すな
1％の会社で「開示すべき重要な不備」がある

内部統制報告書は，適切な決算書を作成するためのしくみが整備・運用されているかについての会社自身の意見です。統制の不備が重要な場合，「開示すべき重要な不備」があると開示されます。

内部統制報告書のイメージ
（開示すべき重要な不備があるケース）

1 【財務報告に係る内部統制の基本的枠組みに関する事項】
2 【評価の範囲，基準日及び評価手続に関する事項】
3 【評価結果に関する事項】

　　下記に記載した……開示すべき重要な不備に該当すると判断しました。

記

　　当社の平成27年3月期の決算手続において……不適切な会計処理が行われていた事実が判明しました。
　　内部調査委員会の調査・検証により……
　　……訂正報告書を提出致しました。
　　……開示すべき重要な不備に該当すると判断しました。

4 【付記事項】
5 【特記事項】

■内部統制報告書とは■

内部統制報告書とは，決算書作成にかかわる会社の内部統制についての意見を表明するものです。

内部統制は会社が事業活動を行うにあたって不適切な行動が行われないように会社内部でチェックするしくみです。

どのような会社にも会社が適切に事業を行うためのルールが定められていますが，内部統制はそのルールに従って業務がなされているかどうかをチェックするしくみといってもいいでしょう。

たとえば一般的な会社では，法律に違反するような行動は規制されるように内部規定が定められていますし，支払処理や会計処理は間違うことがないようにチェックが行われています。

■内部統制報告書の不備とは■

内部統制のしくみがない，もしくはあっても適切にチェックされていないという状況があり，それが決算書作成に重大な誤りを生じさせるようなものである場合，**「開示すべき重要な不備」**と評価されます。

「開示すべき重要な不備」が記載されている場合，その会社では適切な決算書作成にリスクがあると考えられます。決算書の信頼性に関わってきますね。

One more

内部統制報告書の不備件数

2015年7月から2016年6月までに提出された内部統制報告書のうち，有効でないと開示した会社は，訂正も含めて33社でした。日本取引所グループによる2016/3/31時点の上場会社数は3,517社であり，約1％の会社で不備が開示されたこととなります。

6-7 後発事象
決算日以降に決算に影響する事件が起きている！

後発事象とは，決算日後に発生した会社の決算書に影響を及ぼす会計事象です。後発事象は「修正後発事象」と「開示後発事象」に分けられ，修正後発事象は決算書に反映され，開示後発事象は注記に記載されます。

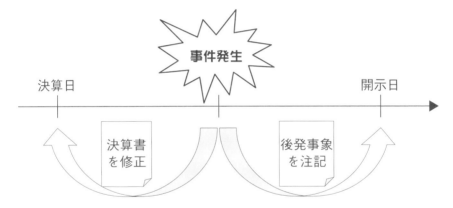

原因が決算日に発生していて，決算日の事業年度の決算書を修正する必要があるもの
例：決算日後に重要な取引先が倒産し，債権の回収が不可能になった
➡ 貸倒引当金を追加計上する必要あり

決算日の事業年度の決算書には影響しないが，翌事業年度以降に影響を及ぼす事象
例：決算日後に災害が発生したことによって工場が機能停止した
➡ 来期以降に重大な影響を与えるため開示

■後発事象を注意すべき理由■

後発事象は**修正後発事象**と**開示後発事象**に分けられます。

このうち，**修正後発事象**は原因が決算日に発生しているもので決算に織り込まれます。決算書は，後発事象の反映後の姿となっています。

一方，**開示後発事象**は翌年度以降に影響を及ぼす事象で，決算書には反映されません。そのため本表だけ見ていては，その影響を把握することができません。注記の「重要な後発事象」を確認し，該当がないかを確認することが必要です。

■後発事象として開示するべきものとは？■

重要な後発事象に関する注記として開示するべき内容はさまざまですが，以下のような事象は開示すべきとされています。

- 火災，出水等による重大な損害の発生
- 重要な増資または減資および多額な社債の発行または繰上償還
- 重要な合併，重要な事業の譲渡または譲受
- 重要な係争事件の発生または解決
- 主要な取引先の倒産
- 重要な株式併合および株式分割

本当に重要な事項が「重要な後発事象」になっているんだね。決算書の利用者に有用な情報だ！

不適正意見の事例

　不適正意見の監査報告書はなかなかお目にかかれません。

　通常，監査の過程で不適切な会計処理がされているということが発見された場合，その時点で会社との協議が重ねられて修正されます。

　監査で不適切な会計処理がされていると判断された場合であっても，会社が適切だという主張を曲げず，押し通す可能性もあり得ます。

　この場合，不適正意見が表明されることになりますが，普通に考えるとこういう場合は会社との関係が悪くなってしまい，必要な監査の手続が実施できなくなると考えられます。こうなると不適正意見ではなく，意見差控となります。

　監査のための証拠資料は十分に提出され，なおかつ会社は主張を曲げないという稀な状況で不適正意見は表明されます。

　不適正意見の監査報告書の記載はこのようになります。

　「監査人の責任」には，「当監査法人は，不適正意見表明の基礎となる十分かつ適切な監査証拠を入手したと判断している。」と記載されます。

　適正意見の場合は「適正意見の根拠」と記載される箇所が，不適正意見の場合は「不適正意見の根拠」と記載されます。

　適正意見の場合は「監査意見」と記載される箇所が，不適正意見の場合は「不適正意見」と記載されます。

　そして，「不適正意見」には，「……を適正に表示していないものと認める。」と記載されます。

　皮肉な印象を与える文章になりますね。

第7章 「小さな事件」も見逃すな！

　　上場会社等が作成する有価証券報告書や会社法の計算書類では，本表（＝貸借対照表，損益計算書等）の理解を助けるために，計上科目の説明や補足情報を「注記情報」として記載します。

　　注記情報には，本表の数値からは読み取れない意外な情報が記載されていることがあります。

　　注記情報にはどのような項目があるのかについてみていきましょう。

7-1 セグメント情報
売上の内訳がわかる！

セグメント注記には，本表に記載のない売上や利益，資産の事業（＝セグメント）別内訳が記載されます。どの事業が売上や利益に貢献しているか，逆に足かせになっているのか，また，海外展開の状況などが読み取れます。

■ABC自動車㈱決算書

損益計算書	
売上	200
営業利益	40
⋮	⋮

何から儲けているのだろう？ 国内と海外ではどちらにたくさん売っているんだろう？

【セグメント情報】

■報告セグメント

	セグメント内訳			
	自動車事業	オートバイ事業	情報通信事業	小計
売上	140	30	30	200
セグメント利益	30	20	△10	40

オートバイ事業が儲かってるんだね！

■地域ごとの情報

	地域別内訳			
	日本	アジア	アメリカ	小計
売上	100	20	80	200
有形固定資産	20	200	0	220

アジアで生産して，日本やアメリカに売っているんだね！

■何の事業から儲かっているのかがわかる■

「報告セグメント」注記には主要な事業（＝セグメント）ごとの**売上や利益等の内訳**が記載されています。たとえば，自動車会社の場合，自動車部門やオートバイ部門がそれぞれいくら売り上げ，利益をどのくらい出しているかというような情報を読み取ることができます。意外な事業が売上や利益に貢献していることもあります。

会社全体（損益計算書）では黒字でも，黒字事業と赤字事業の相殺の結果であるといったこともセグメント情報から読み取れます。

■海外展開の状況がわかる■

「地域ごとの情報」からはどの世界の地域に向けて売り上げたかの情報がわかります。たとえば，自動車会社の売上のうち，日本とアメリカでそれぞれいくら売れたかなどの情報を読み取ることできます。

また，世界の地域ごとの有形固定資産の状況も開示されるため，どの地域に工場などの設備を多く配置しているかの情報も確認できます。

> **One more**

開示の部門単位は，会社が決める

セグメント情報の「部門」は，経営者が経営上の意思決定を行い業績を評価するために分別した単位を基礎とします。これを「マネジメント（経営者）アプローチ」といいます。

このアプローチでセグメント注記を作成することにより，決算書利用者は経営者と同じ視点で会計情報（＝セグメント注記）をみることができる利点があります。

7-2 関連当事者との取引
注意が必要な取引

企業を取り巻く関係者の中から特に密接な関係のある相手先については，不明朗な取引が行われる可能性があります。そこでそうした相手先を関連当事者と定義し，取引内容や条件を開示します。

関連当事者との取引

種類	会社等の名称又は氏名	所在地	資本金又は出資金	事業の内容又は職業	議決権等の所有割合	関連当事者との関係	取引の内容	取引金額（百万円）	科目	期末残高（百万円）
役員	新日本太郎	—	—	当社代表取締役	—	—	資金の貸付	50	長期貸付金	40
							利息の受取	1	未収収益	1

「関連当事者との関係」／「具体的な取引条件・取引等」

(注) 取引条件及び取引条件の決定方針等
1　貸付利率については市場金利を勘案して利率を合理的に決定しております。

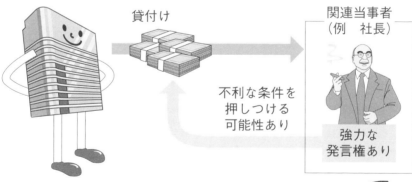

貸付け　→　関連当事者（例　社長）

不利な条件を押しつける可能性あり

強力な発言権あり

会社に不利な条件になっていないか？

■要注意の取引■

関連当事者とは，役員，主要な株主，親会社など**会社に影響力を及ぼす可能性のある会社や人**をいいます。たとえば，役員は自らの地位を利用して，自分に有利（会社に不利）な条件で，会社から貸付を受けることがあるかもしれません。

このように会社と関連当事者との取引は，その関係性から**通常ではない条件**で行われる可能性があります。そこで，取引内容を明らかにするために関連当事者注記がなされます。

■関連当事者との関係を確認■

関連当事者注記を確認する際には，まず会社と関連当事者との関係に着目します。関係性を確認することにより，取引にどのような影響がでるのかを推測することができます。

たとえば，役員が大株主でもあるような会社との取引であれば，通常の取引より会社に不利な条件で行われる可能性があります。

■具体的な条件や内容，金額を確認■

次に具体的な条件や内容，金額を確認します。

たとえば，役員への直接の貸付であれば，無利息の貸付など通常とは異なる（会社に不利な）条件で取引が行われている可能性があります。条件については脚注で記載されるので，そこをチェックします。

7-3 金融商品関係注記
金融商品の取扱説明書

☞ 金融商品関係注記には，定性的な情報（＝言葉で説明）として「金融商品の状況に関する事項」，定量的な情報（＝数字で表す）として「金融商品の時価等に関する事項」が記載されています。

1．金融商品の状況に関する事項
① 金融商品に対する取組方針
　■金融資産：運用方針→（例）余ったお金をどう運用するか
② 金融商品の内容及びリスク
　■金融商品の内容→（例）保有する有価証券は取引先企業銘柄である
　　　　　　　　　　　⋮
③ 金融商品に係るリスク管理体制
　　　　　　　　　　　⋮

→ 数字以外の具体的な内容がわかります。

2．金融商品の時価等に関する事項　　　　　【百万円】

	貸借対照表計上額	時価	差額
(1) 現金及び預金	200	200	－
(2) 投資有価証券			
満期保有目的の債券	27	40	13
その他有価証券	10	10	－
⋮	⋮	⋮	⋮
資産計	340	353	13
(1) 長期借入金	140	138	△2
⋮	⋮	⋮	⋮
負債計	260	258	△2

→ 時価で把握した場合の貸借対照表の数字が読み取れます。

含み損益があるぞ！

■金融商品の数字以外の情報がわかる■

「金融商品の状況に関する事項」では，金融商品に対する取組方針，内容やリスク，リスク管理体制の説明がなされます。

「金融商品に対する取組方針」からは，金融商品の保有目的を読み取ることができます。たとえば，デリバティブを投機ではなく，為替のリスク回避のために行っていることなどです。

「金融商品の内容及びリスク」からは，金融商品に係る価格変動リスクの具体的な対処方法の情報も読み取れます。たとえば，外貨建債権について為替予約を用いて為替変動リスクを回避していることなどです。

こうした記載から金融商品を保有する目的を把握すると，決算書の数字の背景が見えてくるのではないでしょうか。

■金融商品の時価がわかる■

「金融商品の時価等に関する事項」では，金融商品の科目ごと（有価証券は保有目的ごと）の時価が開示されます。貸借対照表上，時価評価されていない金融商品についても，時価と含み損益の金額がわかります。

> **One more**

負債の評価益とは
　負債の時価評価益とはどういう場面で生じるのでしょうか。社債で考えてみましょう。
　社債の貸借対照表価額は，発行価格です。一方，社債の時価は，会社の財政状態が悪くなると，市場で人気がなくなり，下がります。
　つまり会社の財政状態が悪いと，「社債の時価」＜「社債の貸借対照表計上額」となり，評価益が発生します。会社の業績と反比例して，負債の含み益は増加することになります。

7-4 有価証券注記

有価証券投資の通信簿！

 有価証券注記には，有価証券の含み損益の状況や実際の売却額，売却損益等の詳細な情報が記載されます。

（有価証券関係）

1．満期保有目的の債券　【単位：百万円】

種類	貸借対照表計上額	時価	差額
時価が貸借対照表計上額を超えるもの			
債券	100	120	20
合計	100	120	20

2．その他有価証券　【単位：百万円】

種類	貸借対照表計上額	取得原価	差額
貸借対照表計上額が取得原価を超えるもの			
株式	700	360	340
債券	120	100	20
小計	820	460	360
貸借対照表計上額が取得原価を超えないもの			
株式	80	100	△20
債券	20	80	△60
小計	100	180	△80
合計	920	640	280

→ 保有目的・種類別に含み損益が記載されます。

3．売却したその他有価証券　【単位：百万円】

種類	売却額	売却益の合計	売却損の合計
株式	1,000	5	△200
債券	150	10	—
小計	1,150	15	△200

→ 売却の成果が有価証券の種類別に記載されます。

売却損が生じていても売却によるキャッシュが多額に生じていることが読み取れます。

■保有する有価証券の状況をつかむ■

有価証券注記には，①売買目的有価証券，②満期保有目的の債券，③その他有価証券の区分に応じて時価等の情報が記載されます。

一般的に，有価証券は他の資産と異なり，時価で売却可能なケースが多くなります。そこで，有価証券注記では，期末時点で売却したら益が出るものと損が出るものに分類した上での仮の損益（＝含み損益）を確認できるようにしているのです。

決算書上は実現していないものの将来の損益や現預金（＝時価売却後に得る現預金）の情報を得られるということですね。

■投資有価証券の売却から得られるキャッシュ・フロー■

投資有価証券を売却した場合，損益計算書からは売却損益（売却額と帳簿価額の差額）が読み取れるだけで売却額は確認できませんが，有価証券注記では，売却額を確認することができます。

売却損益が小さくても売却額が大きければ，キャッシュ・フローには大きな影響があります。たとえば，損益計算書上は投資有価証券売却損が計上されていたとしても，売却額が大きければ，キャッシュ・フローには大きく貢献していることになります。

7-5 デリバティブ注記
ヘッジ会計が適用されているものの時価もわかる！

 デリバティブ取引関係注記には，期末時点のデリバティブ取引の情報が記載されており，リスクの高いデリバティブを保有しているかを確認できます。

A社とB社は同じ営業利益だけど，A社はデリバティブで損を出したので，最終利益が赤字になっているよ。

A社の決算書

損益計算書

科目	金額
営業利益	30
︙	
デリバティブ評価損	△50
︙	
当期純損失	△20

（デリバティブ取引関係）
1．ヘッジ会計が適用されていないデリバティブ取引

取引の種類	契約額等	時価	評価損益
為替予約取引			
売建 米ドル	120	△50	△50
︙			

B社の決算書

損益計算書

科目	金額
営業利益	30
︙	
デリバティブ評価損	―
︙	
当期純利益	30

（デリバティブ取引関係）
2．ヘッジ会計が適用されているデリバティブ取引

デリバティブ取引の種類等	契約額等	時価
為替予約取引		
売建 米ドル	120	△50
︙		

A社はヘッジ会計じゃないんだね！

B社は，ヘッジ会計適用により評価損が計上されていなかっただけなんだね！

※ デリバティブ取引関係の注記は，スペースの関係から抜粋して記載しています。

■**為替（リスク）への対処方法がわかる**■

　デリバティブ取引は少額の資金で多額の取引を行うことができるため，予期せず多額の損失が発生することがあります。特にリスクヘッジ目的ではなく，投機目的の場合，損失が多額になる可能性が高くなります。

　デリバティブ取引注記では，会社が行っているデリバティブ取引の種類，契約額，時価，評価損益の状況などのデリバティブ取引の詳細な情報を確認することができます。

　これにより，会社が保有するデリバティブに大きなリスクのあるものがないか，会社の規模と比べて大きな取引を行っていないかを把握することができます。また，輸出入を多く行う会社は為替変動の影響を強く受けますが，将来の損失リスクにどう対処しているのか（デリバティブで**リスクヘッジしているのか否か**）を把握することができきます。

■**ヘッジ会計の適用状況がわかる**■

　ヘッジ目的でデリバティブ取引を行っているとしても，ヘッジ会計が適用されているとは限りません。同じデリバティブ取引をA社とB社が行ったとしてもヘッジ会計を適用していないA社は，デリバティブの時価変動の影響を損益計上し，ヘッジ会計を適用しているB社は，損益計上せず一時的に繰り延べる処理を行っており，同じ前提で比較はできません。

　こうした場合も，デリバティブ注記に，ヘッジ会計の適用・非適用別にデリバティブの時価が記載されるため，A社とB社の比較が可能となります。

7-6 退職給付注記
退職給付に係る負債の解説書

　退職給付関係の注記では、退職給付に係る負債に影響を与えるさまざまな要因について詳細な記載がなされます。

貸借対照表

退職給付に係る負債	150

投資家A

貸借対照表だけだと、退職給付の内容がわからないなぁ。

投資家B

どんな風に運用しているんだろう。

（退職給付関係注記）

1　採用している退職給付制度の概要
　（→確定給付制度、確定拠出制度等）

2　退職給付債務の期首残高と期末残高の調整表
　（→1会計期間の変動要因ごとの金額）

3　年金資産の期首残高と期末残高の調整表
　（→1会計期間の変動要因ごとの金額）

4　年金資産の内訳

債券	50%
株式	20%
生保一般勘定	30%

5　数理計算上の計算基礎に関する事項

割引率	1%
期待運用収益率	3%
予想昇給率	2%

■退職給付制度の概要がわかる■

退職給付に係る負債は，企業の退職給付制度や年金資産の有無，退職給付債務の割引率など，さまざまな要因により影響を受けます。退職給付関係の注記では，退職給付に係る負債に影響を与える要因について詳細な情報を得ることができます。

■確定給付制度と確定拠出制度■

企業が採用している退職給付制度が，確定給付制度か確定拠出制度かを知ることができます。

○確定給付制度→退職給付のために外部に積み立てている資産について会社が運用方法を指示し，**会社が運用成果の責任を負う**（＝運用成績による会社の追加負担あり）

○確定拠出制度→退職給付のために外部に積み立てている資産について受給者（社員）が運用方法を指示し，**受給者（社員）が運用成果の責任を負う**（＝運用成績による会社の追加負担なし）

■年金資産の内訳がわかる■

「退職給付に係る負債」は，退職給付債務から年金資産を控除した残額です。つまり，貸借対照表からは，退職給付のために企業外部に積み立てている年金資産額を把握できないのです。

退職給付関係の注記には，年金資産の残高や内訳が記載されるため，将来の退職債務に対して企業がどのように準備をしているかを把握することができます。また，期待運用収益率（＝期首の年金資産について1事業年度で予想される収益率）からは，会社が年金資産からどの程度のリターンを想定して運用しているのかを知ることもできます。

7-7 税効果会計注記
将来の課税所得の予測がうかがえる

👉 「繰延税金資産及び負債の主な原因別の内訳」から，会社の税務申告書の内容，繰越欠損金の有無，会社の将来の課税所得の予測（＝将来の収益見積り）をうかがうことができます。

■注記イメージ■

■繰延税金資産及び負債の主な内訳

繰延税金資産	
商品評価損否認	10,800
貸倒引当金限度超過額	1,800
減価償却超過額	6,300
繰越欠損金	1,000
その他	600
繰延税金資産小計	20,500
評価性引当額	△6,000
繰延税金資産合計	14,500
繰延税金負債	
租税特別措置法上の準備金	△360
その他	△140
繰延税金負債合計	△500
繰延税金資産純額	14,000

■税務申告書（別表五）

■加算
商品評価損	36,000
貸倒引当金限度超過額	6,000
減価償却超過額	21,000

■減算
租税特別措置法上の準備金	△1,200

繰越欠損金が発生していることが読み取れる

×実効税率（30%）＊

×実効税率（30%）＊

■将来の課税所得見込みが多いと判断
　→計上が少ない（または無し）
■将来の課税所得見込みが少ないと判断
　→計上が多い

貸借対照表の繰延税金資産（長短）・繰延税金負債（長短）の純額と一致する

＊実効税率を30%と仮定

■税務申告書の内容が把握できる■

注記に出てくる項目は，税務申告書で調整された項目です。そのため，決算書のように一般に公開されることのない**税務申告書で何を加算，減算したか**を読み取ることができます。

また，繰越欠損金の有無を把握することにより税務上の欠損金（＝課税所得のマイナス＝赤字）の発生状況の情報も得られます。

■評価性引当額で将来の課税所得見込みが推測可能■

評価性引当額から**会社の将来の課税所得の予測**を把握することができます。繰延税金資産の発生額に対する評価性引当額の割合が低い（＝評価性引当額が少ない）ほど，将来の課税所得が見込めると会社が予測していることになります。

業績が好調なら評価性引当額が少なくなるんだね。

Keyword

税務申告書

　税務申告書では会計（収益・費用）と税務（益金・損金）の調整を行います。たとえば，商品の評価損は，会計上，費用として計上しても，税務上では，通常，実際に販売して損が確定するまでは費用にならないので税務申告書上で調整（加算）を行います。

課税所得

　税務上の利益のこと。課税所得に税率を掛けた金額を税金として納付します。

評価性引当額

　繰延税金資産のうち回収可能性がないと会社が判断した金額をいいます。繰延税金資産を控除する項目で，貸借対照表には評価性引当額控除後の金額が計上されます。将来の課税所得を多く見込んでいれば評価性引当額は少なく，逆に，将来の課税所得をあまり見込んでいない場合には多くなります。

7-8 事件が起こっていなくても…
実態が変わらなくても見た目の数値が変わる場合がある

会計方針の変更,会計上の見積りの変更が行われた場合には,企業の実態は変わらなくても,会計数値が変動します。そこでその影響を注記で開示します。

■会計方針の変更■　例：商品評価方法の変更

	変更前	変更後	影響
営業利益	300	500	+200
経常利益	200	400	+200
税引前利益	200	400	+200

注記により説明

（会計方針の変更）
　当社における商品の評価方法は総平均法によっていましたが,新在庫システムが本稼動したことに伴い移動平均法に変更しております。
　この変更に伴い,従来の方法と比べて,当事業年度の営業利益,経常利益及び税引前当期純利益はそれぞれ200百万円増加しております。

■会計上の見積りの変更■　例：減価償却の耐用年数の短縮を実施

	変更前	変更後	影響
営業利益	300	200	▲100
経常利益	200	100	▲100
税引前利益	200	100	▲100

注記により説明

（会計上の見積りの変更）
　当事業年度において,将来の本社移転計画に基づき,移転に伴い利用不能となる固定資産について,耐用年数を残存使用見込期間まで（＝移転時まで）短縮し,将来にわたり変更しております。
　この変更に伴い,従来の方法と比べて,当事業年度の営業利益,経常利益及び税引前当期純利益はそれぞれ100百万円減少しております。

■会計方針の変更■

　会計方針（＝会計処理の方法）の中にはいくつかの方法が認められるものがあります。たとえば，商品の評価方法（＝払い出しの仮定）も平均法や先入先出法などさまざまな方法が認められています。

　一度採用した会計方針は続けて使用しなければなりませんが，企業の実態をより適切に表すための変更など正当な理由がある場合は，変更を行うことができます。たとえば，在庫の管理方法としてシステムを導入し，従来は把握できなかった実際の一つ一つの在庫の動きを把握できるようになったのを機に在庫の評価方法を変更する場合が挙げられます。

　会計方針の変更が行われると見積りの**会計数値が変動**します。そのため，会計方針の変更を行った場合には，変更の理由・影響額等を注記により開示します。

■会計上の見積りの変更■

　会計上の見積りの変更とは，新たな情報に基づいて，過去の決算で行っていた会計上の仮定を変更することをいいます。

　見積りの変更が行われた場合，見積りの変更が行われる前と**会計数値が変動**します。そのため，会計上の見積りの変更を行った場合には，変更の内容・影響額について注記が行われます。

7-9 月末が休日で残高が激変?
期末日満期手形

 期末日が休日の場合は、期日であっても手形が決済されません。この場合2種類の会計処理の方法がありますが、決算書の利用者が、会社間の比較や期間による比較ができるよう、期末日満期手形の注記がなされます。

① 実際の交換日（翌営業日）に会計処理をする会社

貸借対照表
現預金　　0
受取手形　200

【注記】期末日満期手形の会計処理
＊手形交換日をもって決済処理
以下の期末日満期手形があります

	当事業年度
受取手形	200

② 満期日に決済が行われたとみなす会計処理をする会社

貸借対照表
現預金　　200
受取手形　　0

【注記】期末日満期手形の会計処理
＊満期日に決済が行われたものとして処理
以下の期末日満期手形があります

	当事業年度
受取手形	200

> 曜日や処理によって数字が変わるから説明してるんだね！

第7章 「小さな事件」も見逃すな！　135

■期末日満期手形■

　期末日が金融機関休日日の場合，手形決済期日でも手形は決済されません。

　その場合の会計処理として以下の2つの方法が認められています。

　①　期末日には決済は行われないので，実際に決済された翌営業日で処理する方法

　　例：期末日→仕訳なし

　　　　実際の決済日→「現預金200／受取手形200」

　②　期末日に決済があったものとして処理する方法

　　例：期末日に「現預金200／受取手形200」の仕訳

■注記により期末日休日の影響を解消■

　同じ財政状態の会社でも，期末日満期手形の会計処理により決算書の数字が変わってしまっては，決算書利用者は会社の状態を適切に判断できません。

　また，①の会計処理をする会社の場合，期末日が平日の年は3ヶ月分の手形の残高なのに，休日の年は4ヶ月分の手形の残高というふうになり，期間比較が難しくなります。

　そこで，期末日満期手形がある場合は，その残高および会計処理を注記により明らかにします。

| One more |

12月決算と期末日満期手形

　12月決算の会社の決算日は，12月31日で，毎期，金融機関休日日になります。そのため，月末を手形の決済日としている場合は，毎期，期末日満期手形を保有することになります。

関連当事者注記とIPO（株式公開）

　上場を目指す会社の多くはオーナー会社です。

　そういった会社では，オーナー社長が会社と金銭の貸し借りをしたり，オーナー社長に会社所有の固定資産（マンション等）を貸与したりというケースが多々見受けられます。

　一方，会社が上場を行うにあたっては，会社はオーナー個人の所有物ではなく，広く株主を含めた公の存在となる必要があります。プライベートカンパニー（個人企業）からパブリックカンパニー（公開企業）になるともいいます。オーナー社長がその地位を利用して，自己に有利（会社に不利）な取引をする可能性があるのでは，投資家達は安心してその会社に投資を行うことができません。

　「会社に強い影響力を持つオーナー社長」と「上場を目指す会社」との利害が対立する取引は，特別な必要性がある場合を除き，上場時までに原則として解消する必要があり，証券取引所や証券会社の上場時の審査においても厳しくチェックされます。

　このため新規上場後の会社の関連当事者注記に会社とオーナー社長との取引（金銭の貸借やマンションの貸与等）が記載されることは稀なケースとなります。

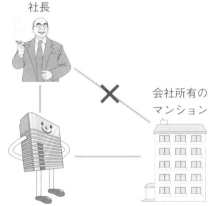

第8章 会社の簡易健康診断をしよう

　決算書には数字がたくさん並んでいます。数字があまり得意でないという人は，それだけで敬遠してしまうかもしれません。

　決算書が「数字の羅列」という存在である限り，そこから会社のことを知るのは難しいでしょう。しかし，それは見るべきポイントを知らないだけ。コツさえのみこめば，数値から会社の実態が透けてきます。

　この章では，決算書に記載されている各種数値を使った分析方法をお伝えします。損益計算書や貸借対照表の金額情報はもちろん，従業員数や株式数，株価など，使える情報はどんどん使って分析を深めましょう。

いざゆかん！

8-1 2期比較で異常値をチェック
変化には必ず理由がある

会社の日々の活動結果は、決算書に表われます。業績を示す損益計算書は、期間比較することで、変化が明らかになります。

	前期	当期	
売上高	1,000	1,200	増収
売上原価	500	600	
売上総利益	500	600	
販売費及び一般管理費	300	500	
営業利益	200	100	
営業外損益	50	50	
経常利益	250	150	
特別損益	0	0	
税引前当期純利益	250	150	
法人税等	80	50	
当期純利益	170	100	減益

【2期比較の方法】
1. 前期と当期の損益計算書を並べる。
2. 売上高と当期純利益がどう動いたか（増えた・減った）を把握する。
3. 売上高と当期純利益が違う動き方をしていたら、段階利益も見る。

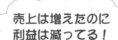
売上は増えたのに利益は減ってる！

なぜ？

■売上が増えても利益が減ることがある■

「増収減益」という言葉があります。左記の損益計算書はその状態です。2期比較の方法に従って、段階利益（売上総利益、営業利益、経常利益、税引前当期純利益）を見てみましょう。

売上総利益は売上と同じく増加していますが、営業利益が減少しています。販売費及び一般管理費が増えたことが影響しているようです。

そこで次に、販売費及び一般管理費の内訳を確認します（販売費及び一般管理費の内訳は、①損益計算書に記載する方法と、②注記に記載する方法があります。損益計算書に内訳の記載がない場合は、「損益計算書関係」という注記を見ます）。

【販売費及び一般管理費のうち主要な費目および金額】

	前期	当期
...		
広告宣伝費	100	300
...		

どうやら、この会社では商品をたくさん売ろうと大々的な宣伝をしたようです。その戦略が功を奏して、狙いどおり売上は増えました。

しかし、その広告宣伝費が大きな負担になり、利益が減ってしまったようです。

8-2 回転率で効率性を測る
資産・負債を効率的に活用したか？

 効率の良い経営には，資産（お金やたな卸資産等）や負債（借入金等）をうまく使うことが大切です。効率性を測る指標の1つに「回転率」があります。

```
資産　500        負債　200
                  買掛金,
                  借入金等        総資本
現金預金　　50                    500
売上債権　 250
たな卸資産 200   純資産　300
```

```
売上高           売上原価
1,000            500
```

上記の会社の各回転率は？

- 総資本回転率

$$\frac{売上高}{総資本} = \frac{1,000}{500} = 2回転$$

- 売上債権回転率

$$\frac{売上高}{売上債権} = \frac{1,000}{250} = 4回転$$

- たな卸資産回転率

$$\frac{売上原価}{たな卸資産} = \frac{500}{200} = 2.5回転$$

回転率が高いほど効率的なんだ！

■総資本回転率■

総資本は企業が活動を行うための元手となるものです。

総資本回転率が高いということは、元手である総資本を効率よく使って売上を上げているということです。

■売上債権回転率■

売上債権回転率とは、売上債権（売掛金や受取手形）の回収がどのぐらい効率的に行われているかを示す指標です。売上債権回転率が高いほど、売掛金の回収が早く、効率的といえます。

売上債権回転率は、得意先ごとの締め・払いの条件に左右されるため、会社間で比較し、売上債権回転率が低いから、代金の回収が滞っているとは限りません。ただし同じ会社で期間比較をし、回転率が低くなっている場合は、滞留債権がある可能性があります。

■たな卸資産回転率■

たな卸資産とは、製品や商品など、販売するための資産です。

たな卸資産回転率が高いほど、たな卸資産が頻繁に効率よく出て行く、つまり、売上につながっていると判断できます。

One more

回転期間も計算してみよう

回転率と似た考え方に「回転期間」があります。1回転にかかった期間を算定するもので、回転率の計算式の分子と分母をひっくり返すことで計算ができます。

たとえば、売上債権回転期間なら、250÷1,000＝0.25年、つまり3ヶ月となり、代金回収に3ヶ月かかっているということになります。

8-3 利益率で収益性を測る①
売上高に対し利益は十分か？

 売上を伸ばすことも大事ですが、費用を引いたらちっとも残らないというのでは困りますね。利益がどれだけ残ったのか（収益性）を知るための指標が「利益率」です。

売上高		1,000
売上原価		600
売上総利益	①	400
販売費及び一般管理費		300
営業利益	②	100
営業外損益		▲50
経常利益	③	50
特別損益		0
税引前当期純利益		50
法人税等		20
当期純利益		30

① 売上総利益率

$$\frac{売上総利益}{売上高} = \frac{400}{1,000} = 40\%$$

② 売上高営業利益率

$$\frac{営業利益}{売上高} = \frac{100}{1,000} = 10\%$$

③ 売上高経常利益率

$$\frac{経常利益}{売上高} = \frac{50}{1,000} = 5\%$$

利益率には、色々な種類があるんだね。

■売上VS段階利益で各利益率を出そう■

利益率には，①売上総利益率，②売上高営業利益率，③売上高経常利益率の3つの考え方があります。

①売上総利益率は，会社の商品・サービス自体が持っている収益力であり，儲けの大元といわれます。

②売上高営業利益率は，会社本来の営業活動がもつ収益力を表します。

③売上高経常利益率は，営業活動以外の財務活動（借入金の利息等）による損益を加味した，会社の正常な収益力を表します。

いずれも高いほど，会社の収益性が良いと判断できます。

■異なる業種で比べても意味がない■

利益率を算出できれば会社間の比較が簡単になりますが，業種の違いを意識しないと，意味のない比較となってしまいます。

たとえば，一般に売上総利益率は30％くらいが平均といわれますが，製造業では（扱う商品でも違いはありますが）20％程度，飲食業では40～50％程度と大きな開きがあります。

その差の原因は，売上原価の中身の違いにあります。

製造業では，自らモノを作って売るため，モノを作るための材料費，人件費，機械の燃料費などさまざまな費用が売上原価になります。一方，飲食業などのサービス業では，売上原価となるものはレストランの材料費などで，接客にあたる人の人件費などは販売費及び一般管理費となります。そのため，売上原価が少なく，売上総利益率が高くなるのです。

8-4 利益率で収益性を測る②
資本をうまく使って利益を上げたか？

 会社は，株主からの出資や借入金等を元手として活動を行います。これらの元手の効率性は，元手に対する利益の割合でわかります。

資産　500 ・現預金 ・売掛金 ・たな卸資産 ・固定資産　等	負債　200 （外部から調達）
	純資産　300 （株主から調達）
総資産 （運用結果）	＝ 総資本 （資金調達額）

活動の結果 ↓

売上高	1,000
…	…
経常利益	50
…	…
税引前当期純利益	50
法人税等	20
当期純利益	30

経常利益 50 → 通常の活動から生まれた儲け
⇒総資本からどれだけ儲けが出たかを**総資本経常利益率**で判定

$$\frac{経常利益}{総資本} = \frac{50}{500} = 10\%$$

当期純利益 30 → **最終的な儲け≒株主に還元すべき**
⇒株主にとってどれだけ儲けが出たかを**自己資本利益率**で判定

$$\frac{当期純利益}{自己資本} = \frac{30}{300} = 10\%$$

■総資本経常利益率■

総資本経常利益率は，企業活動に使った全てのもの（総資本：他人資本と自己資本の合計）からどれだけ利益をあげたかを示します。会社は調達した資金を使い，商品を仕入れたり製品を生産するための固定資産を購入したり，また各種経費を使用し，活動を行います。

活動の結果どれだけの利益を生み出せたかの算定の際の利益としては，通常「経常利益」を用います。会社の収益力として，「通常の活動でどれだけ利益を上げられたのか」を知ることが大切であり，「通常の活動から生まれた儲け」である経常利益が適切なのです。

■自己資本利益率■

自己資本利益率は，株主の持分である自己資本に対してどれだけの利益が出ているのかを示します。

自己資本（純資産）には，資本金のほかに，過去に会社が稼いだ利益の蓄積である利益剰余金も含まれます。会社の稼ぎは最終的に会社の持ち主である株主に還元されるべきものだからです。

自己資本利益率の算定の際の利益としては，通常「当期純利益」を用います。経常利益は法人税等が考慮されておらず，株主にとっての最終の儲けではないためです。

国や地方へ税金を納めた後，最後に残った利益こそが株主に還元される利益です。自己資本利益率を算定する際に，当期純利益を使う理由がここにあります。

> **Keyword**
>
> **他人資本**
> 　借入金や社債など，外部から調達した資本のこと。返済義務がある。
> **自己資本**
> 　資産から負債を引いたあとに残る，株主から調達した資本のこと。返済義務がない。

8-5 生産性分析① 「付加価値」

「ヒト」「モノ」「カネ」をうまく活用できたか？

> 「ヒト」「モノ」「カネ」は会社の財産であり，経営資源といわれます。会社はこれらの経営資源を使って新しい価値を生み出し，顧客に提供します。会社の中で生み出された新しい価値を「付加価値」といいます。

外部にお金を払って原材料などを買う

付加価値＝売上高－外部購入費用（注）

（注）原材料の購入代金など，会社から出ていくお金

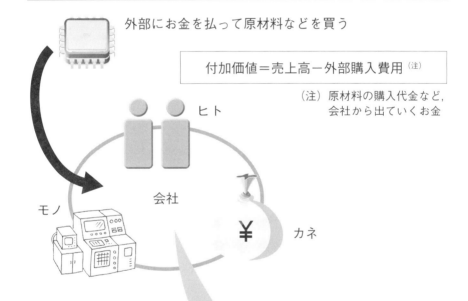

経営資源を使って新しい価値を生み出す（付加価値）

顧客に販売してお金をもらう

もらったお金と払ったお金の差の分，新しい価値が生まれたんだね。

■ヒト,モノ,カネ■

会社が活動していくうえで必要になるのが「ヒト」「モノ」「カネ」です。

「ヒト」というのは,労働力を提供してくれる人材のことです。

「モノ」というのは,実際に販売される商品や製品のほか,会社のビルや組み立て用の機械などの設備のことです。

「カネ」というのは,文字どおり会社の資金のことです。

どんな会社もこれらの経営資源を使い,日々の活動を行っています。

世の中の状況が目まぐるしく変わる今日では,スピード感のある経営が重要であり,これらの経営資源を無駄にすることなく活用することが求められます。

■付加価値とは■

付加価値とは,会社自身の生み出した価値のことをいいます。

たとえば,ICチップなどの原材料を1万円で仕入れて,それを使ってパソコンを生産し,そのパソコンを5万円で売ったとします。では,売った代金の5万円と仕入代金の1万円の差である4万円はどこからきたのでしょうか？

それこそが,会社の中で新しく生み出された価値であり,「付加価値」と呼ばれるものです。

外から仕入れたものに対して,会社の「ヒト」「モノ」「カネ」を投入した結果,どれだけ新しい価値を生み出せたかを示します。

新しい価値を効率的に生み出せるようになるほど,その会社は「生産性が高い」といわれます。

8-6 生産性分析② 「労働生産性」
従業員1人当たりの生産性を知ろう

> 生産性分析というと、従業員1人の労働力がどれだけ付加価値を生み出したかに着目する「労働生産性」をいうことが多いです。労働生産性は高いほど良いといわれます。

■生産性とは■

投入した経営資源からどれだけの付加価値を生み出せたかをみるものが生産性です。経営資源の中でも「ヒト」に着目した生産性分析を「労働生産性」といいます。

$$労働生産性 = \frac{付加価値}{従業員数}$$

たくさんの人員を投入して100の付加価値を生み出すよりも、少ない人員で100の付加価値を生み出したほうが労働生産性は高くなります。

労働生産性の式を売上高を使って分解すると、以下のようになります。

$$労働生産性 = \frac{付加価値}{従業員数} = \underbrace{\frac{売上高}{従業員数}}_{1人当たり売上高} \times \underbrace{\frac{付加価値}{売上高}}_{付加価値率}$$

付加価値を売上高で割ったものを「付加価値率」といいます。労働生産性を高めるには、「1人当たり売上高」か「付加価値率」を増やす必要があります。

■労働生産性は業種の違いに左右される■

自分でモノを生み出す製造業と、小売業や飲食業などの非製造業では、一般的に製造業のほうが非製造業より労働生産性は高いといわれます。とはいっても、労働生産性の低い業種で働いている人が高い業種で働いている人と比べて怠けているというわけではありません。

小売業や飲食業などでは、製造業に比べて原材料の加工度合が低いため、多くの儲けをのせることができません。そのため付加価値率が小さくなり、結果、労働生産性が低くなるのです。労働生産性を高めるには、固定資産をうまく使って人手を減らし、1人当たり売上高を増やす等の対応が考えられます。

8-7 連単倍率
グループの中での親と子の頑張り具合を比べてみよう

今の時代は，親会社だけでなく，連結決算書を基にグループ全体の状況を見ることが重要視されています。連結と単体の大きさを比べると，子会社などのグループ会社がグループ全体にどれだけ貢献しているかがわかります。

連結の売上高は1,000

単体の売上高は800

これだと1,000÷800で，連単倍率は1.25倍だね！

連単倍率＝連結決算書の数値÷親会社の数値

■連単倍率とは■

連単倍率とは，連結の金額と親会社単体の金額を比べた指標です。比較する項目には，売上や利益などがあります。

連単倍率が低いと，グループを引っ張っているのは主に親会社で，子会社はグループの売上や利益にあまり貢献していないことになります。

一方，連単倍率が高ければ，子会社や関連会社がグループの売上や利益に貢献していることになります。

■連単倍率が1を下回ることもある■

単純に考えると，連結のほうが単体よりも会社の数が多い分，金額も大きくなりそうですね。そうであれば，連単倍率は1以上になりますが，そうでないこともあるのです。たとえば，親会社が黒字で子会社が赤字の場合は，連結上の利益は下記のようになります（注）。

連結上の利益（70）＝親会社の利益（100）＋子会社の利益（▲30）
連単倍率＝70/100＝0.7

（注）正確には連結利益＝親会社の利益＋子会社の利益とならないが，簡便のため，ここでは単純に合計している。

この1を下回る連単倍率は子会社が足を引っ張った結果なのです。

■持株会社の場合は要注意■

ホールディングスなどといわれる持株会社は，親会社は商品を売るなどの営業活動はせず，グループ会社の管理を行っています。親会社の収益のほとんどは子会社などからの配当金や経営指導料等となり，親と子の事業の性質が全く違うので連単倍率が参考になりません。

この場合は，連単倍率ではなく，連結全体でみることが企業の状況を知るのに有用となります。

8-8 1株当たりの分析
1株当たり情報を活用しよう

決算書には「1株当たり情報」という注記があります。内容は、「1株当たり当期純利益」と「1株当たり純資産」です。これらは、株主の観点からの利益や純資産の状況を表すもので、投資判断に役立ちます。

株価
A社　1,000円
B社　1,000円

A社のほうが利益が多いから良いかな？

A社決算書	B社決算書
当期純利益　　1億円	当期純利益　　100万円
期中平均株式数　10億株	期中平均株式数　10万株

ここで、A社とB社の1株当たり当期純利益を計算してみると…

A社
$$\frac{1億円}{10億株} = 0.1円$$

B社
$$\frac{100万円}{10万株} = 10円$$

よしっ、B社に決めた!!

■1株当たり当期純利益とは■

1株当たり当期純利益は、1株当たりに帰属する儲けを示します。

$$1株当たり当期純利益 = \frac{当期純利益}{期中平均株式数（自己株式は含まない）}$$

1株当たり当期純利益は会社の規模に関係なく計算することができるため、他の会社との比較や過年度との比較が容易になり、株価とあわせて株主としての投資判断に使われます。

■潜在株式調整後1株当たり当期純利益とは■

潜在株式とは、現在発行済みの株式ではないが、将来株式に変わる可能性のあるもののことです。たとえば、新株予約権（株式をあらかじめ決められた価格で購入できる権利）はそのままでは株式ではありませんが、権利が行使されると株式に変わります。もしそうなると権利が行使される前と比べて株式数が増えるので、1株当たり当期純利益が減ってしまいます。減ってしまった後の1株当たり当期純利益を予測したものが「潜在株式調整後1株当たり当期純利益」です。

■1株当たり純資産とは■

1株当たり純資産は、株主に帰属する財産である純資産が1株に対してどれだけあるかを示します。

$$1株当たり純資産 = \frac{純資産}{発行済株式数 - 自己株式数}$$

会社が解散したときに1株につき返ってくると考えられる金額であり、会社の安定性を知ることができます。数値が高いほうが、財務上は安定しています。

8-9 株価と比較した分析
その会社は割高？ 割安？

> 投資家は株式を買う判断にあたり，株価以上のリターンが得られるかどうかを考えます。お得な株かを知るために，株価が会社の価値よりも相対的に高いか安いか着目してみましょう。

株の人気が急上昇！

大勢が投資する

株価が値上がり

株価は投資家からの人気を反映して値段が変わるため，会社の実力を明確に表しているわけではない。だから，割高な株や割安な株が存在する。

株主にとっての利益や財産が株価に比べて多いか少ないかで，市場の中での評価がわかる。
ただし，なぜ割安なのかを確かめてから投資しないと危ない会社に手を出しかねないので注意！

■株価収益率（PER＝Price Earnings Ratio）■

株価収益率は株価が1株当たり当期純利益の何倍かを示す指標です。

$$株価収益率（倍）＝\frac{株価}{1株当たり当期純利益}$$

株価収益率によって，その会社の利益に対して市場がどう評価しているかがわかります。倍率が大きいほど，市場の中での株式評価が高いといえます。倍率が小さい場合は割安といえますが，投資判断にあたってはなぜ低い評価になっているかを考えることが大切です。

■株価純資産倍率（PBR＝Price Book-Value Ratio）■

株価純資産倍率は株価が1株当たり純資産の何倍かを示す指標です。

$$株価純資産倍率（倍）＝\frac{株価}{1株当たり純資産}$$

株価収益率は利益に対する市場の評価を示しているのに対し，株価純資産倍率は会社が解散したときに返ってくる金額に着目した指標です。1倍以下だと割安といえます。ただし，この場合もなぜ低い評価になっているかを検討しないと危ない会社に手を出しかねません。

■配当利回り■

配当利回りは株価に対する年間配当金の割合を示す指標です。

$$配当利回り（\%）＝\frac{1株当たり年間配当金}{株価}$$

株価の値上り益を期待するより配当のほうが確実と考えて，配当利回りを重視する考え方もあります。一般的には2％以上だと利回りが良い，得する銘柄といえます。

低すぎるPBRは買収のターゲットに？！

　PBR（株価純資産倍率）が１倍を切ると割安といわれますが，１倍を切るというのはいったいどのような状況でしょうか。

　PBRが１倍を切るということは，株価のほうが１株当たり純資産よりも安いということですから，会社の財産である純資産よりも株式全体の合計のほうが安いということです。つまり，会社の財産を丸ごと買うよりも，株を買い占めるほうが安上がりになるのです。株を買い占める，すなわち買収ですね。

　事業や持っている資産に魅力があるのに，PBRが１倍を切っているような会社は，買収すればお得ということになり，絶好の買収対象になってしまうのです。

　経営者としては，株価を上げる努力が必要になるでしょう。

（単位：億円）

資産 2,000	負債 1,000
	純資産 1,000

会社の財産をまるごと買うと1,000億円かかる。

発行済株式総数	１億株
株価	800円
PBR	0.8倍

株式の買い占めなら800億円で済む。

株式を買い占めて自分の会社になった瞬間に解散させてしまえば200億円マル儲けできてしまう！

【監修者紹介】

山岸　聡（統括監修）

公認会計士。第4事業部で監査業務に携わる一方，品質管理本部会計監理部も兼務し，監査チームから会計処理に関するコンサルテーション業務にも関与している。書籍の執筆，研修会の講師多数。
主な著書：「減損会計の完全実務解説」「有価証券報告書のチェックポイント」「連結財務諸表の会計実務」。
また，最近の著作として週刊経営財務で「Q&A監査の現場から」の責任者として全執筆者の原稿をレビュー。

新居　幹也（監修）

公認会計士。企業成長サポートセンターに所属し，第5事業部を兼務。
不動産業，素材産業，商社，IT産業等の会計監査，内部統制助言業務，株式公開支援業務等に携わる他，ベンチャー企業支援会社であるEY新日本クリエーション株式会社を立ち上げ，業務を統括。日本公認会計士協会　実務補習所講師（法人税法）。
共著に，「図解でざっくり会計シリーズ①　税効果会計のしくみ」「不動産取引の会計・税務Q&A」等がある。

【執筆者紹介】

山崎　諒子（第1章）

公認会計士。名古屋事務所に所属。
情報・通信業，不動産業，精密機器製造業等の一般事業会社のほか，学校法人，国立大学法人および地方公共団体等の監査業務，株式公開支援業務，内部統制助言業務等のアドバイザリー業務やセミナー講師等，幅広い業務に関与。平成27年度より愛知県入札監視委員。
共著に「図解でざっくり会計シリーズ①　税効果会計のしくみ」「決算期変更・期ズレ対応の実務Q&A」「図解でスッキリ　デリバティブの会計入門」がある。

伊藤　有輝（第2章）

公認会計士。第2事業部に所属。
情報・通信業，教育サービス業，小売業，外食業等の監査，上場準備業務及び内部統制助言業務等に関与。

菊池　玲子（第3章）

公認会計士。第4事業部所属。

小売業，製造業，公益法人等の監査のほか，IPO支援業務，IFRS対応業務，地方公共団体の受託事業に関与。監査法人勤務前は，出版社にて編集に従事。共著に「図解でざっくり会計シリーズ④　減損会計のしくみ」「キラキラ女性経営者を目指す！　会社経営の教科書」がある。また毎日新聞のウェブサイト「経済プレミア」に「キラリと光る経営者への道」を執筆。

羽鳥　順子（第4章）

公認会計士。第5事業部に所属。

物流・海運業，自動車産業の監査業務の他，内部統制支援業務に関与。

廣住　成洋（第5章）

公認会計士。福岡事務所に所属。

監査業務やアドバイザリー業務に加えて，書籍・雑誌の執筆やセミナー講師等も担当。
共著に「図解でざっくり会計シリーズ①　税効果会計のしくみ」「同シリーズ⑧　リース会計のしくみ」「業種別会計シリーズ　自動車産業」「図解でスッキリ　デリバティブの会計入門」がある。

大塚　篤（第6章）

公認会計士。第4事業部に所属。

卸売業，製造業，建設業，石油業など様々な業種の監査を担当。また，学校法人の監査，研究費調査業務を担当。
他に内部統制助言業務，IFRS対応業務も担当している。
共著に，「ストーリー形式で楽しく学ぶ　経理部員1年の仕事」がある。

諸江　正彦（第7章）

公認会計士。第3事業部に所属。

小売業，ITサービス業，人材紹介業，製造業を中心に主に株式公開支援（IPO）の監査業務を担当。他に内部統制助言業務，IFRS対応業務，連結決算導入業務，株式上場のための制度及び財務調査等にも関与。

畠山　遥子（第8章）

公認会計士。第1事業部に所属。

大手飲料メーカーの監査を経て，現在は電気機器製造業，情報通信業，旅行業等の監査，内部統制助言業務及びIFRS対応業務等に関与。

EY | Assurance | Tax | Transactions | Advisory

新日本有限責任監査法人について

新日本有限責任監査法人は，EYの日本におけるメンバーファームです。監査および保証業務をはじめ，各種財務アドバイザリーサービスを提供しています。詳しくは，www.shinnihon.or.jp をご覧ください。

EYについて

EYは，アシュアランス，税務，トランザクションおよびアドバイザリーなどの分野における世界的なリーダーです。私たちの深い洞察と高品質なサービスは，世界中の資本市場や経済活動に信頼をもたらします。私たちはさまざまなステークホルダーの期待に応えるチームを率いるリーダーを生み出していきます。そうすることで，構成員，クライアント，そして地域社会のために，より良い社会の構築に貢献します。

EYとは，アーンスト・アンド・ヤング・グローバル・リミテッドのグローバルネットワークであり，単体，もしくは複数のメンバーファームを指し，各メンバーファームは法的に独立した組織です。アーンスト・アンド・ヤング・グローバル・リミテッドは，英国の保証有限責任会社であり，顧客サービスは提供していません。詳しくは，ey.com をご覧ください。

本書は一般的な参考情報の提供のみを目的に作成されており，会計，税務およびその他の専門的なアドバイスを行うものではありません。新日本有限責任監査法人および他のEYメンバーファームは，皆様が本書を利用したことにより被ったいかなる損害についても，一切の責任を負いません。具体的なアドバイスが必要な場合は，個別に専門家にご相談ください。

図解でざっくり会計シリーズ 9
決算書のしくみ

2016年9月20日 第1版第1刷発行

編　者　新日本有限責任監査法人
発行者　山　本　　　継
発行所　㈱中央経済社
発売元　㈱中央経済グループ
　　　　パブリッシング

〒101-0051 東京都千代田区神田神保町1-31-2
電話　03 (3293) 3371 (編集代表)
　　　03 (3293) 3381 (営業代表)
http://www.chuokeizai.co.jp/
印刷／昭和情報プロセス㈱
製本／㈱関川製本所

© 2016 Ernst & Young ShinNihon LLC.
All Rights Reserved.
Printed in Japan

＊頁の「欠落」や「順序違い」などがありましたらお取り替えいたしますので発売元までご送付ください。(送料小社負担)
ISBN978-4-502-19861-8　C3034

JCOPY 〈出版者著作権管理機構委託出版物〉本書を無断で複写複製 (コピー) することは，著作権法上の例外を除き，禁じられています。本書をコピーされる場合は事前に出版者著作権管理機構 (JCOPY) の許諾を受けてください。
JCOPY 〈http://www.jcopy.or.jp　eメール：info@jcopy.or.jp　電話：03-3513-6969〉